AIR FRYER
TODAS LAS RECETAS

AIR FRYER
TODAS LAS RECETAS

Más de 100 platos fáciles, crujientes y llenos de sabor

CONTENIDO

GUÍA BÁSICA DE LAS AIR FRYERS

CÓMO FUNCIONAN

Las air fryers o freidoras de aire son capaces de reproducir la textura crujiente de los alimentos fritos sin apenas utilizar aceite. Estos pequeños hornos de convección de sobremesa transmiten aire caliente alrededor de los alimentos a gran velocidad, por lo que permiten que queden crujientes pero sin el exceso de grasa de las frituras convencionales. Las patatas fritas preparadas en una freidora de aire, por ejemplo, solo contienen 4-6 g de grasa, frente a los 17 g de las cocinadas con aceite.

TIPOS DE FREIDORAS DE AIRE

Existen freidoras de aire de diferentes tamaños y formas, desde las más compactas y de diseño espacial, que se colocan en posición vertical y tienen un cajón extraíble profundo, hasta las que son como hornos en miniatura. Aunque estas últimas también están concebidas para colocarse sobre una encimera, son menos compactas y su tamaño es más parecido al de un microondas.

FREIDORAS DE AIRE CON CESTA Con una capacidad que varía de 3-4 litros a 6-7 litros, suelen ser la opción más asequible. Estas versiones compactas tienen una cesta extraíble cuya base está perforada y ligeramente elevada, lo que permite recoger el aceite que gotea y los jugos de cocción. Funcionan muy bien, pero su capacidad es limitada. Con ellas no podrás preparar la comida para toda la familia.

FREIDORAS DE AIRE CON HORNO Más grandes y con mayor capacidad (11 litros), se abren como un horno tradicional, con una puerta frontal. Combinan la comodidad de un horno compacto con las ventajas de una freidora de aire y, para una sola persona o una pareja, podrían incluso bastar como único medio de cocción. Vienen equipadas con dos o tres rejillas, por lo que se pueden preparar varios platos al mismo tiempo. Además, incluyen funciones adicionales, como un modo de cocción a baja temperatura para deshidratar alimentos y otro para descongelarlos, y tienen varios programas automáticos para cocinar patatas fritas, chips de verduras, chuletas de cerdo, gambas, muslos de pollo o filetes de carne. Como la puerta del horno es transparente, puedes ver cómo avanza la cocción sin necesidad de abrirla y mantener así la temperatura estable en su interior. El precio de estos aparatos es evidentemente más elevado. Para este libro hemos utilizado dos modelos muy populares de tamaño mediano (5,3 litros y 7 litros) y precio asequible. También hemos empleado la función de deshidratación de una freidora de aire 3 en 1 más grande, de 11 litros. Si tu freidora es más grande que la que aparece en la receta, podrás preparar más cantidad de comida, mientras que si es más pequeña, tendrás que reducir las cantidades.

SEGURIDAD

Antes de utilizar tu freidora de aire,
lee atentamente las instrucciones
del fabricante.

Las freidoras de aire pueden llegar a
calentarse, así que deja suficiente espacio
libre a su alrededor. La rejilla de ventilación
de la parte trasera suelta vapor, y por lo
tanto grasa, por lo que tendrás que limpiarla
con regularidad.

Cuando retires la cesta, hazlo con mucho
cuidado. Piensa que estará tan caliente
como si la sacaras del horno. Ten asimismo
cuidado al añadir y retirar los alimentos de
su interior.

Es importante limpiar el aparato después
de cada uso, tanto la cesta como el cajón
donde se encuentra, para eliminar la grasa,
de lo contrario saldrá humo y los trocitos
de comida que se hayan quedado dentro
se quemarán.

FRITURAS

Las freidoras de aire son perfectas para
hacer que los ingredientes secos queden
crujientes, pero no funcionan bien con las
masas húmedas, que se pegarán en vez de
quedar crujientes. No se trata solo de
cambiar una sartén por una freidora de aire
e introducir los alimentos, debemos adaptar
nuestro método de cocción para obtener un
resultado semejante.

Y PARA TERMINAR...

Con una freidora de aire se pueden cocinar
muchas más cosas que las clásicas patatas
fritas. Para empezar, ayuda pensar más allá
del nombre, que no es muy apropiado. Las
freidoras de aire no tienen nada que ver con
las freidoras. De hecho, se parecen bastante
más a un horno.

Su mayor limitación es su capacidad.
Asegúrate siempre de que los recipientes
que vas a utilizar sean resistentes al calor,
quepan bien y dejen espacio suficiente para
que circule el aire. Evita también que sean
demasiado altos para que no toquen la
parte superior del aparato; de lo contrario,
los alimentos se quemarán.

Si vas a preparar postres, evita las masas
líquidas o de textura muy ligera, ya que el
aire caliente puede hacer que salten,
salpiquen o se derramen durante la cocción.

Asimismo, ten cuidado con las mezclas
azucaradas, ya que se dorarán muy rápido.

5 PLATOS IDEALES PARA LAS AIR FRYERS

ACCESORIOS

Rejillas La mayoría de las freidoras de aire con cesta vienen con una rejilla redonda. Es útil tener otra para que las tostadas se mantengan verticales.

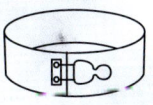

Moldes Invertir en moldes que se adapten a tu aparato te permitirá sacarle el máximo partido. La mayoría de los moldes convencionales sirven, pero no los de las magdalenas; compra uno especial.

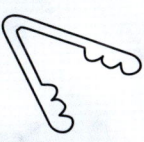

Utensilios Aunque la mayoría de los utensilios de cocina, como pinzas, espátulas y manoplas, se pueden utilizar en las freidoras de aire, merece la pena invertir en herramientas con los extremos de silicona para proteger tu aparato.

Tapetes de silicona
Son perfectos para forrar la base de la freidora si vas a preparar un postre, ya que el papel vegetal saldría volando. Los encontrarás en las tiendas de artículos de cocina y las ferreterías. Córtalos para que se ajusten a la medida de tu electrodoméstico.

1 **VERDURAS**

2 **GARBANZOS**

3 **TEMPURAS**

4 **PIZZAS Y CALZONE**

5 **ALBÓNDIGAS Y SALCHICHAS**

APERITIVOS SALUDABLES

La comodidad y la sencillez
son claves cuando quieres comer
algo rápido. Con las freidoras
de aire, podrás preparar platos
deliciosos y nutritivos y olvidarte
de la comida basura, llena de
calorías vacías y azúcar.

TRIÁNGULOS DE COLIFLOR

1 cebolla pequeña (80 g)
   en cuñas finas
250 g de coliflor picada fina
2 dientes de ajo chafados
½ cdta. de cúrcuma molida
½ cdta. de jengibre molido
¼ de cdta. de canela molida,
   y un poco más para espolvorear
aceite de oliva virgen extra en spray
75 g de queso feta desmenuzado
2 cdas. de almendras tostadas
   picadas
2 cdas. de cilantro picado grueso
2 cdas. de perejil picado grueso
12 láminas de pasta filo
para servir: cuñas de limón y hojas
   de cilantro

1 Precalienta una freidora de aire de 5,3 litros a 180 °C durante 3 minutos.
2 Pon la cebolla, la coliflor y el ajo en un bol, esparce las especias por encima y rocíalo todo con abundante aceite.
3 Con cuidado, forra la cesta de la freidora con papel vegetal. Introduce la mezcla en su interior y cocínala 5 minutos a 180 °C hasta que la coliflor esté tierna.
4 Pasa la mezcla de coliflor a un bol. Añade el queso feta, las almendras y las hierbas aromáticas; remuévelo bien. Deja que se enfríe. (Si lo prefieres, extiende la mezcla sobre una bandeja e introdúcela en el congelador durante 5 minutos.)
5 Pon una lámina de pasta sobre una superficie de trabajo, rocíala con aceite y coloca otra lámina encima. Córtalas a lo largo en tres tiras. Coloca una cucharada colmada de la mezcla de coliflor en una esquina de una de las tiras de pasta, dejando un borde de 1 cm. Dobla la esquina opuesta en diagonal sobre el relleno para formar un triángulo; sigue doblándola hasta llegar al final de la tira para mantener el triángulo. Resérvalo, con el doble hacia abajo, en una bandeja. Repite la operación con el resto de las láminas de pasta, el aceite y la mezcla de coliflor para obtener un total de 18 triángulos. Rocíalos con aceite y espolvoréalos con un poco de canela.
6 Introduce la mitad de los triángulos en la cesta y cocínalos 10 minutos a 180 °C. Dales la vuelta y cocínalos otros 10 minutos, hasta que se doren. Pásalos a una rejilla. Repite la operación con el resto de los triángulos.
7 Sirve los triángulos con cuñas de limón y cilantro.

**preparación + cocción
1 hora (+ enfriar)
para 18 unidades**

FALAFEL VERDE

CON SALSA TAHINI

375 g de edamame congelado
400 g de garbanzos en conserva
 escurridos y lavados
1 cebolla mediana (150 g) picada
3 dientes de ajo
30 g de perejil picado grueso
25 g de menta picada gruesa
50 g de cilantro picado grueso
75 g de harina común
1 cda. de sal fina
2 cdtas. de comino molido
1 cdta. de ras el hanout
aceite de oliva virgen extra en spray
para servir: panes de pita a la
 parrilla, más hierbas aromáticas
 y cuñas de limón

SALSA TAHINI
140 g de yogur griego
1½ cdas. de tahini
1 diente de ajo chafado
2 cdtas. de zumo de limón

1 Pon el edamame congelado en un bol y vierte agua hirviendo hasta cubrirlo. Déjalo reposar 1 minuto y escúrrelo. Enfríalo bajo un chorro de agua fría. Tritura 300 g de edamame, los garbanzos, la cebolla, los ajos, las hierbas aromáticas, la harina, la sal, el comino y la mezcla de especias hasta que estén picados finos. Toma una cucharada colmada de la mezcla y forma un falafel ovalado. Repite la operación hasta obtener 26 falafels. Colócalos en una bandeja forrada con film transparente. Refrigéralos durante 1 hora para que absorban la humedad.

2 Mientras, para preparar la salsa tahini, bate los ingredientes en un bol hasta obtener una mezcla fina; sazónala al gusto.

3 Precalienta una freidora de aire de 5,3 litros a 180 °C durante 3 minutos.

4 Rocía los falafels con abundante aceite. Con cuidado, introduce la mitad en la cesta de la freidora; cocínalos a 180 °C durante 12 minutos, dándoles la vuelta a mitad de la cocción, o hasta que se doren. Pásalos a una bandeja y cúbrelos para mantenerlos calientes. Repite la operación con el resto de los falafels.

5 Rellena los panes de pita con los falafels, el resto del edamame, las hierbas aromáticas y un poco de salsa tahini. Sírvelos con cuñas de limón.

CONSEJO Si lo prefieres, condimenta la salsa tahini con ras el hanout (mezcla de especias marroquí).

**preparación + cocción
40 min (+ enfriar)
para 4 personas**

CHIPS DE POLENTA

CON TOMATES SECOS Y FETA

---

750 ml de caldo de pollo o verduras
170 g de polenta instantánea
30 g de mantequilla en dados
40 g de parmesano rallado fino
90 g de tomates secos, sin aceite
   añadido, picados finos
20 g de hojas de albahaca picadas
100 g de queso feta desmenuzado
aceite de oliva en spray
para servir: sal marina en escamas

SALSA VERDE

2 cdas. de vinagre de vino tinto
2 cdas. de alcaparras picadas
   gruesas
1 chalota picada fina
25 g de hojas de albahaca
   picadas gruesas
20 g de perejil picado grueso
125 ml de aceite de oliva
   virgen extra

1 Lleva el caldo a ebullición en una olla alta y añade la polenta en un hilo fino y constante. Bátelo con unas varillas hasta que la mezcla rompa a hervir. Baja el fuego y cuécela, removiéndola con una cuchara de madera de mango largo o unas varillas, 10 minutos hasta obtener una mezcla fina y espesa. Añade la mantequilla, el parmesano, los tomates secos y la albahaca.
2 Unta con aceite una fuente de horno cuadrada de 20 cm; forra la base y los lados con papel vegetal. Extiende la mitad de la mezcla de polenta y esparce la mitad del queso feta por encima. Extiende el resto de la polenta encima y esparce el resto del queso feta, presionándolo suavemente sobre la polenta. Cubre la fuente.

Refrigéralo 3 horas para que absorba la humedad.
3 Precalienta una freidora de aire de 7 litros a 200 °C durante 3 minutos.
4 Vuelca la polenta sobre una tabla de cortar y córtala en 18 chips; rocíalos por todas partes con abundante aceite.
5 Rocía la cesta de la freidora con aceite. Con cuidado, introduce los chips de polenta en su interior y cocínalos a 200 °C durante 15 minutos, dándoles la vuelta a mitad de la cocción, o hasta que se doren y estén crujientes.
6 Mientras, para preparar la salsa verde, mezcla los ingredientes en un bol.
7 Esparce la sal sobre los chips de polenta y sírvelos con la salsa verde.

**preparación + cocción
50 min (+ enfriar)
para 18 unidades**

CONSEJO La ricotta cremosa se vende en la sección de refrigerados del supermercado.

RICOTTA AL HORNO

CON HIERBAS AROMÁTICAS Y VERDURITAS

---

2 panes planos redondos
   de 60 g cada uno
20 g de mantequilla derretida
½ cdta. de mezcla de hierbas
   italiana
500 g de ricotta cremosa
   (ver consejo)
1 huevo ligeramente batido
25 g de parmesano rallado fino
1 cda. de hojas de tomillo
¼ de cdta. de copos de guindilla
para servir: unas hojas más de
   tomillo, aceite de oliva virgen
   extra, zanahorias arcoíris baby,
   pepinos baby, rábanos y lechuga
   romana de cogollo pequeño

1 Precalienta una freidora de aire de 7 litros a 180 °C durante 3 minutos.
2 Unta las rebanadas de pan con mantequilla y esparce la mezcla de hierbas aromáticas por encima.
3 Con cuidado, introduce uno de los panes en la cesta de la freidora y coloca una rejilla encima; cocínalo a 180 °C durante 3 minutos o hasta que se dore y esté crujiente. Pásalo a un plato para que se enfríe. Repite la operación con el resto del pan. Una vez frío, córtalo en triángulos.
4 Mientras, pon la ricotta, el huevo, el parmesano, el tomillo y los copos de guindilla en un bol.

Sazónalo con sal y pimienta y remuévelo bien. Reparte la mezcla en dos fuentes de horno de 300 ml.
5 Coloca las fuentes en la cesta de la freidora y cocínalas a 180 °C durante 20 minutos hasta que la ricotta se dore y cuaje. Sácalas de la freidora de aire.
6 Esparce un poco más de tomillo sobre las ricottas y rocíalas con aceite de oliva. Sírvelas calientes con los triángulos de pan, las zanahorias, los pepinos, los rábanos y la lechuga.

**preparación + cocción
40 min para 6 personas**

CONSEJO Encontrarás la masa de los rollitos de primavera en la sección de congelados de las tiendas de alimentación asiáticas. Deja que se descongele antes de usarla.

ROLLITOS DE PRIMAVERA

---

50 g de fideos de arroz secos
1 diente de ajo chafado
2 cdas. de jengibre fresco
   picado fino
1 chalota en rodajas finas
1 zanahoria grande (180 g)
   en bastones
160 g de col blanca china rallada
   (col pe-tsai)
½ cdta. de polvo de cinco especias
1 cdta. de aceite de sésamo
2 cdtas. de aceite de cacahuete
2 cdas. de tamari
1 cdta. de maicena
10 láminas para rollitos
   de primavera de 21,5 cm,
   descongeladas (ver consejo)
aceite en spray
para servir: cilantro y cuñas
   de lima

1 Pon los fideos en un bol con agua hirviendo durante 2 minutos hasta que estén blandos; escúrrelos. Con unas tijeras, trocéalos.

2 Forra la cesta de una freidora de aire de 5,3 litros con papel vegetal y coloca en su interior el ajo, el jengibre, la chalota, la zanahoria, la col china, el polvo de cinco especias y los aceites; remuévelo bien. Ajusta la temperatura a 180 °C y cocínalo 5 minutos hasta que las verduras estén blandas.

3 Pasa las verduras a un bol. Mezcla el tamari con la maicena en otro bol. Pon los fideos en un tercer bol y añade la mezcla de tamari y las verduras. Remuévelo. Deja que se enfríe a temperatura ambiente.

4 Coloca una lámina para rollitos de primavera sobre una superficie de trabajo plana. Añade un poco del relleno en una línea, a unos 3 cm del borde inferior, dejando un espacio libre de 1,5 cm a cada lado. Dóblalo por encima del relleno. Después, dobla los lados y enróllalo sobre sí mismo. Unta el doble con un poco de agua para sellarlo. Repite la operación con el resto de láminas y relleno.

5 Precalienta la freidora de aire a 180 °C durante 3 minutos.

6 Rocía los rollitos de primavera con abundante aceite. Con cuidado, introduce la mitad de los rollitos en la cesta de la freidora; cocínalos a 180 °C durante 12 minutos hasta que se doren. Pásalos a una rejilla. Repite la operación con el resto de los rollitos.

7 Sirve los rollitos de primavera con cilantro y cuñas de lima.

SUGERENCIA

Prueba los rollitos de primavera con la Salsa picante de cacahuete de la página 75.

preparación + cocción
45 min para 10 unidades

23

CHIPS DE PEPINILLOS
CON SALSA RANCHERA

---

75 g de harina común
160 ml de suero de mantequilla
1 cda. de salsa picante
170 g de panko (pan rallado)
700 g de pepinillos agridulces,
    escurridos
aceite de oliva en spray
para servir: sal marina en escamas

SALSA RANCHERA
150 g de mayonesa sabor casero
120 g de crema agria ligera
2 cdas. de eneldo picado
2 cdas. de cebollino picado
1 diente de ajo pequeño chafado
1 cda. de zumo de limón

1 Pon la harina en un bol. Bate ligeramente el suero de mantequilla con la salsa picante en un segundo bol y coloca el pan rallado en un tercero. Pasa los pepinillos primero por la harina, retirando el exceso, después por la mezcla de suero de mantequilla y, a continuación, por el pan rallado; rocíalos con abundante aceite por todas partes.
2 Precalienta una freidora de aire de 7 litros a 200 °C durante 3 minutos.
3 Con cuidado, introduce un tercio de los pepinillos en la cesta de la freidora en una sola capa; cocínalos a 200 °C durante 6 minutos hasta que se doren. Pásalos a un plato. Repite la operación con el resto de los pepinillos.
4 Mientras, para preparar la salsa ranchera, mezcla los ingredientes en un bol.
5 Esparce la sal sobre los chips de pepinillos y sírvelos con la salsa ranchera.

**preparación + cocción
40 min para 6 personas**

¡A TU GUSTO!

PATATAS FRITAS GRIEGAS CON FETA Y ORÉGANO

preparación + cocción 15 min para 4 personas

Precalienta una freidora de aire de 5,3 litros a 200 °C durante 3 minutos. Introduce 700 g de patatas fritas congeladas en la cesta con 8 dientes de ajo sin pelar y rocíalas con aceite. Cocínalas a 200 °C durante 10 minutos, dándoles la vuelta a mitad de la cocción. Pásalas a un bol. Desmenuza 100 g de queso feta y espárcelo con 1 cucharadita de sal marina en escamas y 1 de orégano; remuévelo.

PALITOS DE CALABACÍN

preparación + cocción 30 min para 4 personas

Corta 3 calabacines (450 g) por la mitad a lo ancho y ambas mitades en «patatas fritas» de 1 cm de grosor. En un bol, mezcla 270 g de almendra molida (o panko) con 50 g de parmesano rallado, 1 cucharadita de pimentón ahumado, 1 de romero u orégano picados y una pizca de guindilla molida. Precalienta una freidora de aire de 5,3 litros a 200 °C durante 3 minutos. Mezcla los palitos de calabacín con 2 cucharadas de aceite de oliva virgen extra y pásalos por la mezcla de almendra. Introduce la mitad en la cesta en una sola capa; cocínalos a 200 °C durante 10 minutos, dándoles la vuelta a mitad de la cocción. Pásalos a un plato y cúbrelos. Repite la operación con el resto de los palitos. Sazónalos al gusto. Sírvelos con salsa de yogur griego (dcha.).

PALITOS DE HALLOUMI

preparación + cocción 15 min para 4 personas

Corta 2 bloques de halloumi de 225 g a lo ancho en tres lonchas cada uno. Corta cada loncha en tres «patatas fritas» para obtener un total de 18. En un bol, mezcla 75 g de harina común con 1 cucharadita de comino molido, 1 de cilantro molido y ½ de pimentón ahumado. Precalienta una freidora de aire de 5,3 litros a 200 °C durante 3 minutos. Rocía la cesta de la freidora con aceite. Rocía los palitos de halloumi con aceite y pásalos por la mezcla de harina. Introdúcelos en la cesta en una sola capa; cocínalos a 200 °C durante 5 minutos hasta que se doren. Sírvelos con salsa de yogur griego (abajo).

SALSA DE YOGUR GRIEGO

preparación 5 min para 350 g

Mezcla 350 g de yogur griego con 1 cucharadita de ralladura fina de limón, 1 diente de ajo chafado, 2 cucharadas de eneldo picado fino y 2 de menta picada fina; sazónalo con sal y pimienta. Retira el diente de ajo cuando la vayas a usar.

CONSEJO Si lo prefieres, utiliza solo una hierba aromática.

FETA Y ORÉGANO

HALLOUMI

CALABACÍN

YOGUR GRIEGO

ALBÓNDIGAS DE CALABACÍN
CON YOGUR DE LIMÓN

700 g de calabacines
    rallados gruesos
2 cdtas. de sal gorda
1 huevo ligeramente batido
120 g de ricotta desmenuzada
25 g de parmesano rallado fino
100 g de pan rallado
15 g de perejil picado fino
3 cebolletas en rodajas finas
aceite de oliva en spray
200 g de yogur griego
1 diente de ajo pequeño chafado
2 cdtas. de ralladura fina de limón
1 cda. de zumo de limón
para servir: sal marina en escamas

1 Pon los calabacines en un colador y esparce la sal por encima; déjalos reposar 20 minutos. Con las manos, estrújalos para eliminar el exceso de agua; pásalos a un bol.
2 Añade el huevo, la ricotta, el parmesano, el pan rallado, el perejil y la cebolleta. Sazónalo con sal y pimienta y remuévelo bien. Toma una cucharada colmada de la mezcla y dale forma de bola con las manos húmedas. Colócalas en una bandeja forrada con papel vegetal. Rocíalas por todas partes con aceite.
3 Precalienta una freidora de aire de 7 litros a 180 °C durante 3 minutos. Recorta un trozo de papel vegetal en forma de círculo de 22 cm de diámetro.

4 Con cuidado, forra la cesta de la freidora con el círculo de papel vegetal redondo. Introduce las albóndigas de calabacín en la cesta; cocínalas a 180 °C durante 25 minutos, dándoles la vuelta a los 15 minutos, hasta que se doren y estén bien hechas.
5 Mientras, para preparar el yogur de limón, mezcla los ingredientes restantes en un bol.
6 Esparce la sal sobre las albóndigas de calabacín y sírvelas con el yogur de limón.

**preparación + cocción
45 min (+ reposo)
para 24 unidades**

GARBANZOS Y EDAMAME CRUJIENTES CON PIMENTÓN

800 g de garbanzos en conserva
  escurridos y lavados
200 g de edamame descongelado
80 ml de aceite de oliva virgen extra
2 cdtas. de ajo granulado
  (ver consejo)
2 cdtas. de semillas de hinojo
2 cdtas. de copos de guindilla
2 cdtas. de cebolla en polvo
2 cdtas. de pimentón ahumado
1 cdta. de sal marina en escamas
50 g de pipas de calabaza (opcional)

1 Precalienta una freidora de aire de 5,3 litros a 180 °C durante 3 minutos.
2 Coloca los garbanzos en una bandeja forrada con papel de cocina; sécalos bien con otro trozo de papel de cocina. Cambia el papel y repite la operación con el edamame.
3 Unta los garbanzos con 2 cucharadas del aceite en un bol. En otro bol, mezcla el ajo granulado con las semillas de hinojo, los copos de guindilla, la cebolla en polvo, el pimentón y la sal en escamas. Esparce la mitad de la mezcla de especias sobre los garbanzos.
4 Con cuidado, introduce los garbanzos en la cesta de la freidora; cocínalos a 180 °C durante 15 minutos, dándoles la vuelta dos veces durante la cocción, o hasta que se doren y estén crujientes. Añade las pipas de calabaza, si lo deseas, 2 minutos antes del final de la cocción. Pásalos a un bol limpio para que se enfríen.
5 En otro bol, mezcla el edamame con el aceite restante y el resto de la mezcla de especias. Introdúcelo en la cesta de la freidora; cocínalo a 180 °C durante 12 minutos, dándole la vuelta dos veces durante la cocción, o hasta que esté crujiente y tostado. Pásalo al bol con los garbanzos para que se enfríe.

CONSERVACIÓN En un recipiente hermético 1 semana.

**preparación + cocción
40 min para 3 raciones
para compartir**

CONSEJO El ajo en polvo
y el granulado se venden
junto con las especias
en los supermercados.

FRITTATAS DE BEICON Y PUERROS

1 cda. de aceite de oliva virgen extra
3 lonchas de beicon (105 g)
   picadas finas
½ puerro pequeño (100 g)
   en rodajas finas
2 huevos
80 ml de nata líquida
2 cdas. de mozzarella rallada
1 cda. de cheddar rallado
1 cda. de parmesano rallado
para servir: sal marina en escamas
   (opcional)

1 Unta con aceite un molde para minimagdalenas con 12 cavidades (20 ml).
2 Calienta el aceite en una sartén y sofríe el beicon, removiéndolo, 3 minutos o hasta que se dore ligeramente. Añade el puerro y sofríelo, removiéndolo, 5 minutos o hasta que se ablande y el beicon esté crujiente. Déjalo que se enfríe 2 minutos.
3 Precalienta una freidora de aire de 7 litros a 180 °C durante 3 minutos.
4 Vierte la mezcla de beicon en las cavidades del molde para minimagdalenas. Bate ligeramente los huevos y la nata en una jarra y sazónalo con sal y pimienta. Mezcla los tres quesos en un bol y añade 2 cucharadas a la mezcla de huevo. Vierte la mezcla en las cavidades del molde para magdalenas y esparce el resto del queso.

5 Con mucho cuidado, introduce el molde para minimagdalenas en la cesta de la freidora; cocínalo a 180 °C durante 5 minutos. Cubre el molde con papel de aluminio untado con aceite y cocínalo otros 5 minutos hasta que las frittatas se doren y estén bien hechas. Saca el molde de la freidora. Deja que reposen 5 minutos y dales la vuelta sobre una rejilla para que se enfríen.
6 Esparce la sal sobre las frittatas, si lo deseas, y sírvelas.

**preparación + cocción
30 min para 12 unidades**

VERDURAS EN TEMPURA CON SRIRACHA

1 manojo de espárragos (175 g)
1 brócoli (400 g)
1 zanahoria mediana (120 g)
150 g de setas de ostra
100 g de harina de repostería
½ cdta. de sal fina
1 huevo
1 cda. de sriracha
180 ml de agua con gas muy fría
185 g de panko (pan rallado)
100 ml de aceite de oliva
   virgen extra
para servir: salsa tamari o ponzu,
   guindilla roja picada fina y
   semillas de sésamo tostadas

1 Limpia los espárragos y córtales la parte dura. Corta el brócoli en ramitos y la zanahoria en rodajas de 5 mm en diagonal. Separa las setas, si es necesario.

2 En un bol, mezcla la harina con la sal. Pon el huevo, la sriracha y el agua con gas en una jarra; bátelo bien. Añade la mezcla de huevo a la de harina y bátelo bien.

3 Precalienta una freidora de aire de 5,3 litros a 180 °C durante 3 minutos. Forra una bandeja con papel vegetal y prepara otra con una rejilla encima.

4 Pon el pan rallado en un bol y rocíalo con el aceite. Con las yemas de los dedos, frótalo bien. Por tandas, de una en una, pasa las verduras por la mezcla de huevo y harina, dejando que escurra el exceso, y después por la mezcla de pan rallado. Ve colocándolas en la bandeja forrada con papel vegetal. Sigue rebozándolas hasta que tengas 6 u 8 trozos listos para cocinar.

5 Con cuidado, introduce las verduras en la cesta de la freidora en una sola capa; cocínalas a 180 °C durante 5 minutos, dándoles la vuelta a mitad de la cocción, o hasta que se doren. Pásalas a la bandeja con la rejilla.

6 Repite la operación con los trozos de verdura restantes (4 tandas más).

7 Sirve las verduras en tempura con salsa tamari y esparce guindilla roja picada fina y semillas de sésamo tostadas por encima.

**preparación + cocción
40 min para 4 personas**

SANDÍA

PIÑA

MANZANA

KIWI

PIÑA DESHIDRATADA

Rocía dos de las rejillas de una freidora de aire de 11 litros con aceite de oliva. Corta una piña por la mitad a lo ancho por el centro (reserva la otra mitad para otro uso). Pélala y quítale el corazón con un descorazonador de manzanas. Córtala en rodajas de 2 mm de grosor. Coloca las rodajas sobre las rejillas en una sola capa. Introduce las rejillas en la freidora. Ajústala en la función de deshidratación y programa la temperatura a 70 °C; cocínala 4 horas, rotando las rejillas a mitad de la cocción, o hasta que la piña se seque. Retira las rejillas de la freidora. Deja que la piña se enfríe encima. Se conservará bien en un recipiente hermético en un lugar fresco y seco 2 semanas.

MANZANA DESHIDRATADA

Rocía dos de las rejillas de una freidora de aire de 11 litros con aceite de oliva. Con una mandolina normal o de corte en V, corta 2 manzanas rojas en láminas de 1 o 2 mm de grosor. Colócalas sobre las rejillas en una capa. Introduce las rejillas en la freidora. Ajústala en la función de deshidratación y programa la temperatura a 70 °C; cocínalas 4 horas, rotando las rejillas a mitad de la cocción, o hasta que se sequen y estén crujientes. Retira las rejillas de la freidora. Deja que se enfríen encima. Se conservarán bien en un recipiente hermético en un lugar fresco y seco 2 semanas.

4 TIPOS

FRUTAS DESHIDRATADAS

SANDÍA DESHIDRATADA

Rocía dos de las rejillas de una freidora de aire de 11 litros con aceite de oliva. Con un cuchillo afilado, corta una cuña de sandía de 800 g en rodajas de 2 o 3 mm de grosor. Coloca las rodajas sobre las rejillas en una sola capa e introdúcelas en la freidora. Ajústala en la función de deshidratación y programa la temperatura a 70 °C; cocínala 4 horas, rotando las rejillas a mitad de la cocción, o hasta que la sandía se seque. Retira las rejillas de la freidora. Deja que la sandía se enfríe encima. Se conservará bien en un recipiente hermético en un lugar fresco y seco 2 semanas.

KIWI DESHIDRATADO

Rocía dos de las rejillas de una freidora de aire de 11 litros con aceite de oliva. Pela 4 kiwis y córtalos en rodajas de 2 mm de grosor. Coloca las rodajas sobre las rejillas en una sola capa. Introduce las rejillas en la freidora. Ajústala en la función de deshidratación y programa la temperatura a 70 °C; cocínala 4 horas, rotando las rejillas a mitad de la cocción, o hasta que el kiwi se seque. Retira las rejillas de la freidora. Deja que el kiwi se enfríe encima. Se conservará bien en un recipiente hermético en un lugar fresco y seco 2 semanas.

preparación + cocción
4 horas 15 min
(+ enfriar)

PALITOS DE ESPINACAS Y FETA

250 g de espinacas descongeladas
2 láminas de hojaldre recién
    descongeladas
100 g de queso feta desmenuzado
40 g de parmesano rallado fino
aceite en spray

1 Pon las espinacas en un colador fino y aplástalas para eliminar el exceso de agua. Pícalas en trozos gruesos y sécalas con papel de cocina.

2 Pon una lámina de hojaldre en una bandeja forrada con papel vegetal. Coloca encima la mitad de las espinacas, la mitad de los quesos y la lámina de hojaldre restante. Esparce por encima el resto de las espinacas y de los quesos. Corta el hojaldre por la mitad. Coloca una mitad encima de la otra y presiónalo con firmeza. Congélalo 5 minutos para que se endurezca y córtalo a lo ancho en 24 tiras. Pellizca un extremo de una tira y retuércela hasta el otro extremo para que mida 20 cm; pellizca el otro extremo para sellarla. Repite la torsión con las tiras restantes.

3 Precalienta una freidora de aire de 5,3 litros a 200 °C durante 3 minutos.

4 Rocía la cesta de la freidora con aceite. Con cuidado, introduce la mitad de los palitos en la cesta; cocínalos a 200 °C durante 5 minutos hasta que se doren y estén bien hechos. Pásalos a una rejilla para que se enfríen. Repite la operación con el resto de los palitos.

CONSERVACIÓN En un recipiente hermético 3 días.

**preparación + cocción
30 min para 24 unidades**

CHIPS DE VERDURAS

---

3 zanahorias naranjas
    grandes (540 g)
3 zanahorias moradas
    medianas (360 g)
3 chirivías medianas (750 g)
1 remolacha mediana (175 g)
aceite de oliva virgen extra en spray
para servir: sal marina en escamas

VARIANTE
Prueba a hacer chips
de otras verduras, como
boniatos y tupinambos.
Los tupinambos se consumen
en invierno y tienen un
aspecto extraño, parecido
al jengibre, pero su sabor
es delicado y suave.

1 Precalienta una freidora
de aire de 5,3 litros a 120 °C
durante 3 minutos.
2 Corta las zanahorias,
las chirivías y la remolacha
por la mitad a lo largo. Con
una mandolina normal
o en V, corta las verduras,
con el lado del corte hacia
abajo, en rodajas de 2 mm
de grosor.
3 Con cuidado, introduce las
rodajas de zanahoria
morada y de remolacha en
la cesta de la freidora;
cocínalas a 120 °C durante
30 minutos, removiéndolas
a mitad de la cocción y
separándolas, o hasta que
estén crujientes. Pasa los
chips de zanahoria morada
a una bandeja y cúbrelos
para mantenerlos calientes.
Cocina los chips de
remolacha otros 5 minutos
y pásalos a la bandeja con
los chips de zanahoria
morada. Rocíalos con aceite
y esparce la sal marina por
encima. Deja que se enfríen.

4 Repite la operación
primero con las rodajas de
chirivía y después con las
rodajas de zanahoria
naranja, cocinando los chips
a 120 °C durante 25 minutos.
Añádelos a la bandeja,
rocíalos con aceite y
esparce un poco más de sal
marina o de alguno de los
siguientes condimentos.

CONDIMENTOS A ELEGIR
hinojo y guindilla Con un
mortero, machaca
ligeramente 2 cucharaditas
de semillas de hinojo, añade
1 cucharadita de copos de
guindilla y remuévelo bien.
zumaque y tomillo Mezcla
1 cucharadita de zumaque
con 2 de tomillo picado.
pimentón ahumado Mezcla
1 cucharadita de pimentón
ahumado con 1 de cebolla
en polvo.

CONSERVACIÓN En un
recipiente hermético 4 días.

preparación + cocción
1¾ horas para 6 personas

BUÑUELOS DE PERA Y RICOTTA

---

60 ml de suero de mantequilla

1 huevo

125 g de ricotta cremosa

2 cdas. de azúcar extrafino

½ cdta. de canela molida

105 g de harina de repostería

1 pera grande y firme, como conferencia o williams (200 g), pelada y rallada

aceite de oliva en spray

280 g de yogur de vainilla

2 cdas. de miel

1 Precalienta una freidora de aire de 7 litros a 200 °C durante 3 minutos.

2 Con unas varillas, bate el suero de mantequilla, el huevo, la ricotta, el azúcar y la canela en un bol hasta que se mezclen bien. Tamiza la harina sobre la mezcla y bátela bien. Incorpora la pera.

3 Con cuidado, forra la cesta de la freidora con papel vegetal. Vierte 6 cucharadas colmadas de la masa de los buñuelos encima, dejando unos 2 cm de distancia entre cada una. Con el dorso de una cuchara, alisa la superficie de los buñuelos para aplastarlos ligeramente y rocíalos con aceite; cocínalos a 200 °C durante 8 minutos, dándoles la vuelta a mitad de la cocción, hasta que se doren y estén bien hechos. Pásalos a un plato y cúbrelos con papel de aluminio sin tensarlo para mantenerlos calientes. Repite la operación con el resto de la masa y el aceite en spray para obtener 12 buñuelos en total.

4 Sirve los buñuelos calientes, con un poco de yogur con miel.

preparación + cocción
30 min para 12 unidades

CENAS IRRESISTIBLES

Cuando tienes una familia que
alimentar o vuelves a casa después
del trabajo, ¡solo piensas en comer!
Relájate, para eso están las
freidoras de aire, que cocinan
los alimentos superrápido
con aire caliente.

BURGER BEICON Y QUESO

---

500 g de carne picada de ternera

1 huevo

75 g de panko (pan rallado)

2 cdas. de salsa barbacoa

1 cdta. de pimentón ahumado

1 diente de ajo chafado

70 g de kétchup sin azúcar

aceite de oliva en spray

4 lonchas de cheddar

4 lonchas de beicon (140 g)

4 panecillos de brioche grandes
   (400 g)

2 cdas. de mayonesa sabor casero

4 hojas de lechuga romana de
   cogollo pequeño

40 g de pepinillos en vinagre

para servir: patatas fritas de boniato

1 En un bol, mezcla con las manos la carne picada con el huevo, el pan rallado, la salsa barbacoa, el pimentón, el ajo y 1 cucharada de kétchup. Sazónalo con sal y pimienta y vuelve a mezclarlo. Forma cuatro hamburguesas del mismo tamaño que los panecillos, asegurándote de que quepan todos a la vez en la cesta de la freidora. Rocíalas por todas partes con aceite.

2 Precalienta una freidora de aire de 7 litros a 180 °C durante 3 minutos.

3 Rocía la cesta de la freidora con aceite. Con cuidado, introduce las hamburguesas en la cesta; cocínalas a 180 °C durante 10 minutos, dándoles la vuelta a mitad de la cocción, o hasta que se doren y estén bien hechas. Pásalas a un plato, colócales una loncha de cheddar encima y cúbrelas con papel de aluminio sin tensarlo para mantenerlas calientes.

4 Con cuidado, introduce el beicon en la cesta de la freidora. Ajusta la temperatura a 200 °C y cocínalo 5 minutos hasta que esté crujiente.

5 Abre los panecillos por la mitad y tuéstalos. Unta las partes de abajo con mayonesa y coloca encima la lechuga, las hamburguesas, el beicon, los pepinillos y el resto del kétchup. Ciérralos con las mitades superiores.

6 Sirve las hamburguesas con patatas fritas de boniato.

**preparación + cocción
30 min para 4 personas**

BONIATO A LA PARMESANA

4 boniatos pequeños (1 kg) lavados
2 cdas. de aceite de oliva
 virgen extra
85 g de salsa de tomate para pasta
125 g de jamón cocido en lonchas
 finas
70 g de mozzarella rallada gruesa
2 cdas. de parmesano rallado fino
para servir: un poco más de
 parmesano rallado fino y hojas
 de albahaca

1 Perfora los boniatos por todas partes con un cuchillo pequeño y afilado o con un tenedor. Úntalos con aceite y sazónalos con sal y pimienta. Envuélvelos de uno en uno con papel de aluminio.

2 Precalienta una freidora de aire de 7 litros a 200 °C durante 3 minutos.

3 Con cuidado, introduce los boniatos en la cesta de la freidora en una sola capa; cocínalos a 200 °C durante 50 minutos, dándoles la vuelta a mitad de la cocción, o hasta que estén blandos. Pásalos a un plato. Retírales el papel de aluminio y deséchalo.

4 Corta los boniatos por la mitad a lo largo, con cuidado de no cortarlos del todo, de manera que el lado de la pulpa quede hacia arriba. Vierte la salsa encima y coloca el jamón y los quesos.

5 Con cuidado, introduce los boniatos en la cesta de la freidora en una sola capa; cocínalos a 200 °C durante 5 minutos o hasta que el queso se dore y se funda.

6 Sirve cada boniato a la parmesana con un poco más de parmesano rallado y albahaca por encima.

MATCH SEGURO
Ensalada italiana
de arroz, p. 98.

preparación + cocción
1 hora 10 min
para 4 personas

BROCHETAS DE TERNERA
CON TZATZIKI DE AJO

Para esta receta necesitarás
  8 brochetas de metal de 22 cm.
1 cda. de ralladura fina de limón
2 cdas. de zumo de limón
1 cdta. de orégano seco
1 cda. de aceite de oliva virgen extra
3 dientes de ajo chafados
500 g de cadera o solomillo de
  ternera en trozos de 2,5 cm
1 pimiento rojo mediano (200 g) sin
  semillas y en trozos de 3 cm
1 pimiento amarillo mediano (200 g)
  sin semillas y en trozos de 3 cm
220 g de tzatziki (ver consejo)
para servir: ensalada variada
  y rodajas de limón

1 Mezcla la ralladura y el zumo de limón con el orégano, el aceite y dos tercios del ajo en un plato hondo. Añade la carne y remuévela para que se impregne. Ensarta la carne en las brochetas, alternándola con los dos tipos de pimiento.

2 Precalienta una freidora de aire de 7 litros a 200 °C durante 3 minutos.

3 Con cuidado, introduce las brochetas en la cesta de la freidora; cocínalas a 200 °C durante 8 minutos, dándoles la vuelta a mitad de la cocción, si las quieres al punto o hasta que estén a tu gusto.

4 Mientras, mezcla el resto del ajo con el tzatziki y pásalo a un bol.

5 Coloca las brochetas en una fuente. Sírvelas con tzatziki, ensalada y rodajas de limón.

CONSEJO Si utilizas una freidora de aire más pequeña, tendrás que cocinar las brochetas por tandas. Para preparar tú el tzatziki, ralla ½ pepino libanés pequeño y estrújalo para eliminar el exceso de líquido; mézclalo en un bol con 210 g de yogur griego y ½ diente de ajo chafado. Sazónalo con sal y pimienta.

**preparación + cocción
30 min para 4 personas**

MATCH SEGURO
Patatas a la griega, p.145.

TACOS DE PESCADO JAMAICANOS

1 cdta. de pimienta de Jamaica molida
½ cdta. de tomillo seco
1½ cdtas. cayena molida
1 cdta. de canela molida
1½ cdas. de ajo en polvo
2 cdas. de azúcar moreno
60 ml de aceite de oliva
800 g de filetes de pescado blanco de carne firme sin piel en trozos largos (ver consejo)
tortillas de harina de 16 x 14 cm
aceite en spray
para servir: rodajas de lima

CREMA DE AGUACATE
2 aguacates medianos (500 g)
120 g de crema agria
2 cdas. de zumo de lima

ENSALADA DE REPOLLO
350 g de repollo rallado fino
60 g de hojas de cilantro
1 cebolla morada pequeña (100 g) en rodajas finas
1 guindilla verde larga sin semillas y en rodajas finas

1 En un bol, mezcla la pimienta de Jamaica con el tomillo, la cayena, la canela, el ajo en polvo, el azúcar moreno y el aceite. Añade el pescado y remuévelo para que se impregne. Sazónalo con sal.
2 Para preparar la crema de aguacate, tritura los ingredientes hasta obtener una pasta fina; sazónala al gusto.
3 Envuelve las tortillas con papel de aluminio. Introdúcelas en la cesta de una freidora de aire de 5,3 litros y cocínalas a 180 °C durante 5 minutos para precalentar la freidora de aire y a la vez calentarlas.
4 Con cuidado, pasa las tortillas a un plato y cúbrelas para mantenerlas calientes. Rocía el pescado con aceite e introdúcelo en la cesta; cocínalo a 180 °C durante 8 minutos, dándole la vuelta a mitad de la cocción, o hasta que esté bien hecho.

5 Mientras, para preparar la ensalada de repollo, mezcla los ingredientes en un bol.
6 Rellena las tortillas con el pescado y la ensalada de repollo. Sírvelas con la crema de aguacate y las rodajas de lima.

CONSEJO Corta los filetes de pescado a lo largo en diagonal en tiras de 1,5 cm de ancho y 12 cm de largo.

¡GANA TIEMPO!
El pescado se puede preparar hasta el final del paso 1 con hasta 4 horas de antelación. La crema de aguacate y la ensalada de repollo también se pueden preparar 4 horas antes. Refrigéralo todo hasta que lo vayas a usar.

preparación + cocción
25 min para 8 personas

VARIANTE Sustituye las especias por un sobre de sazonador para tacos.

GAMBAS CON COCO Y MIEL

---

75 g de harina común

2 huevos

115 g de coco rallado sin azúcar
    añadido

75 g de panko (pan rallado)

600 g de gambas peladas sin cocer,
    con las colas intactas

aceite de oliva en spray

para servir: arroz jazmín y pak choi
    cocidos al vapor

SALSA DE MIEL

120 g de miel

1 cda. de zumo de limón

1 cda. de salsa de soja

1 cdta. de jengibre fresco
    rallado fino

1 diente de ajo chafado

½ cdta. de polvo de cinco especias

2 cdtas. de maicena

1 Pon la harina en un bol. Bate ligeramente los huevos en un segundo bol. Mezcla el coco con el pan rallado en un tercero. Pasa las gambas primero por la harina, retirando el exceso, después por el huevo y para terminar por la mezcla de coco. Colócalas en una bandeja. Refrigéralas 30 minutos.

2 Mientras, para preparar la salsa de miel, calienta la miel, el zumo de limón, la salsa de soja, el jengibre, el ajo y el polvo de cinco especias en un cazo a fuego medio, removiéndola, 2 minutos o hasta que la miel se derrita. Llévala a ebullición. Mezcla la maicena con 1 cucharada de agua en un bol. Incorpórala a la salsa y cuécela, removiéndola, 2 minutos o hasta que espese ligeramente. Retírala del fuego y cúbrela para mantenerla caliente.

3 Precalienta una freidora de aire de 7 litros a 200 °C durante 3 minutos.

4 Rocía las gambas por todas partes con abundante aceite. Con cuidado, introduce la mitad de las gambas en la cesta de la freidora en una sola capa y cocínalas a 200 °C durante 6 minutos, dándoles la vuelta a mitad de la cocción, hasta que se doren. Pásalas a un plato y cúbrelas con papel de aluminio sin tensarlo para mantenerlas calientes. Repite la operación con el resto de las gambas.

5 Sirve las gambas con arroz y pak choi cocidos al vapor y la salsa de miel.

**preparación + cocción
40 min (+ enfriar)
para 4 personas**

KOFTAS DE CORDERO
CON HIERBAS AROMÁTICAS Y TAHINI VERDE

500 g de carne picada de cordero
2 cdtas. de comino molido
2 cdtas. de cilantro molido
1 cdta. de pimentón
1 huevo ligeramente batido
25 g de pan rallado
25 g de menta picada fina
15 g de perejil picado fino
aceite de oliva en spray
140 g de yogur griego
2 cdas. de tahini
2 cdas. de zumo de limón
para servir: pan de pita tostado
   y cortado en triangulitos

ENSALADA DE TOMATE
250 g de tomates cherry rojos y
   amarillos partidos por la mitad
1 pepino libanés en rodajas gruesas
2 cdas. de hojas de menta
2 cdas. de hojas de perejil
aceite de oliva virgen extra,
   para rociar

1 En un bol, mezcla con las manos la carne picada con el comino, el cilantro, el pimentón, el huevo, el pan rallado y la mitad de la menta y el perejil picados. Toma una cucharada rasa de la mezcla y dale forma de bola con las manos húmedas. Coloca las koftas en una bandeja. Rocíalas por todas partes con aceite.
2 Precalienta una freidora de aire de 7 litros a 180 °C durante 3 minutos.
3 Rocía la cesta de la freidora con aceite. Con cuidado, introduce las koftas en la cesta en una sola capa; cocínalas a 180 °C durante 8 minutos, moviendo la cesta a mitad de la cocción, hasta que se doren y estén bien hechas.

4 Mientras, para preparar el tahini verde, mezcla el yogur con el tahini, el zumo de limón y el resto de la menta y el perejil picados en un bol.
5 Para preparar la ensalada de tomate, mezcla el tomate con el pepino, la menta y el perejil en una fuente. Alíñala con aceite y sazónala con sal y pimienta.
6 Coloca las koftas y el tahini verde en la fuente. Sírvelas con pan de pita tostado.

MATCH SEGURO
Tabulé de lentejas,
p. 98.

preparación + cocción
35 min para 4 personas

ALITAS DE POLLO CON SALSA BARBACOA DE BOURBON

140 g de salsa barbacoa
60 ml de bourbon
1 cda. de mostaza de Dijon
1,5 kg de alitas de pollo
para servir: un poco más
   de salsa barbacoa

1 Mezcla la salsa barbacoa con el bourbon y la mostaza en un bol. Añade el pollo y remuévelo para que se impregne bien.
2 Precalienta una freidora de aire de 7 litros a 180 °C durante 3 minutos.
3 Con cuidado, introduce el pollo en la cesta de la freidora; cocínalo a 180 °C durante 20 minutos, untándolo y dándole la vuelta de vez en cuando, o hasta que esté bien hecho.
4 Sirve el pollo con un poco más de salsa barbacoa untada por encima.

MATCH SEGURO
Patatas con feta, eneldo y beicon, p. 145.

preparación + cocción
30 min para 4 personas

NOCHES DE PIZZA A LA CARTA

2 bolas de masa de pizza fresca de
   250 g cada una (ver consejo)
170 g de salsa de tomate para pasta
1 cebolla morada mediana (170 g)
   en rodajas finas
4 lonchas de beicon (140 g) en tiras
100 g de panceta en tiras
1 chorizo curado (170 g) en rodajas
300 g de mozzarella en rodajas
1 guindilla roja pequeña en rodajas
para servir: hojas de albahaca

1 Precalienta una freidora de aire de 5,3 litros a 180 °C durante 3 minutos.
2 Junta las bolas de masa sobre una superficie de trabajo ligeramente enharinada para obtener una única bola. Estírala con un rodillo hasta formar un óvalo de 16 x 26 cm sobre un trozo de papel vegetal. Recorta el papel para que sea 3 cm más grande que la base de la pizza.
3 Unta la base de la pizza con la salsa para pasta y coloca encima la cebolla, el beicon, la panceta, el chorizo, la mozzarella y la guindilla (o lo que quieras).
4 Con cuidado, y ayudándote del papel vegetal, introduce la pizza en la cesta de la freidora. Ajusta la temperatura a 170 °C y cocínala 15 minutos hasta que la masa se dore y esté hecha.
5 Sirve la pizza con hojas de albahaca por encima.

OTRAS COMBINACIONES

pizza de gambas
Sustituye la carne y la mozzarella por 8 gambas crudas, peladas y desvenadas, y saltéalas con 2 cucharaditas de aceite de oliva virgen extra. Sírvela con hojas de rúcula y ralladura de limón.

pizza de bimi Sustituye la carne por 175 g de tallos de bimi cortados por la mitad y 50 g de aceitunas kalamata cortadas por la mitad. Sírvela con queso de cabra desmenuzado y ralladura de limón.

pizza de berenjena y ricotta Sustituye la carne por 450 g de rodajas de berenjena asadas y 100 g de ricotta. Sírvela con un poco de pesto.

CONSEJO Encontrarás bolas de masa fresca en la sección de productos refrigerados de los grandes supermercados.

**preparación + cocción
25 min para 2 personas**

PASTELITOS DE SALMÓN

CON LIMÓN Y HIERBAS AROMÁTICAS

---

3 patatas harinosas medianas
  (600 g) en trozos grandes
2 cdas. de aceite de oliva
aceite de oliva en spray
400 g de filetes de salmón sin piel
  ni espinas
2 cebolletas en rodajas finas
2 cdtas. de ralladura fina de limón
1 cda. de eneldo o perejil picados
  finos
1 huevo ligeramente batido
110 g de panko (pan rallado)
Nuestras salsas (pp. 74-75)
para servir: cuñas de lima

1 Precalienta una freidora de aire de 5,3 litros a 180 °C durante 3 minutos.
2 Cuece las patatas en agua, al vapor o en el microondas hasta que estén tiernas y escúrrelas. Tritúralas con el aceite hasta obtener un puré fino.
3 Mientras, rocía la cesta de la freidora con aceite. Con cuidado, introduce el salmón en la cesta; cocínalo a 180 °C durante 6 minutos hasta que esté hecho. Saca la cesta de la freidora y déjalo que se enfríe en su interior.
4 Desmenuza el salmón sobre el puré de patata y cháfalo bien. Añade la cebolleta, la ralladura de limón, el eneldo, el huevo y la mitad del pan rallado. Sazónalo con sal y pimienta y remuévelo bien. Con las manos húmedas, forma ocho pastelitos con la mezcla y colócalos en una bandeja. Congélalos 10 minutos para que absorban la humedad.

5 Pásalos por el pan rallado restante y rocíalos con abundante aceite.
6 Coloca los pastelitos en la cesta de la freidora; cocínalos a 180 °C durante 8 minutos, dándoles la vuelta a mitad de la cocción, o hasta que se doren y estén bien calientes.
7 Sirve los pastelitos de salmón con la salsa que prefieras y cuñas de lima.

VARIANTE Para preparar pastelitos de salmón al curry rojo, sustituye las patatas por la misma cantidad de boniatos, añade 2 cucharadas de pasta de curry rojo tailandés al puré y cambia el eneldo por cilantro.

preparación + cocción 45 min (+ enfriar y congelar) para 8 unidades

CONSEJO ¿Vas mal de tiempo? Utiliza una terrina de 475 g de puré de patatas (o boniato) y 300 g de trucha ahumada.

ALITAS DE POLLO

4 TIPOS

PIÑA HULI-HULI

SÉSAMO

GRANADA

SALSA BARBACOA

ALITAS DE POLLO

preparación + cocción 50 min (+ enfriar) para 4 personas

Mezcla 1,5 kg de alitas de pollo con la marinada que hayas elegido
en un bol. Refrigéralas 1 o 2 horas. Precalienta la freidora de aire a
180 °C durante 3 minutos. Con cuidado, introduce las alitas en la cesta
y cocínalas 40 minutos, dándoles la vuelta de vez en cuando, hasta que
estén bien hechas.

CON SÉSAMO

Mezcla en un bol 4 cebolletas en rodajas
finas, 3 dientes de ajo chafados, 60 ml de
salsa de soja y 60 ml de vino de arroz
Shaoxing, 3 cucharaditas de jengibre fresco
rallado fino y 2 cucharadas de azúcar
moreno. Sirve las alitas con 2 cucharadas
de semillas de sésamo tostadas esparcidas
por encima y un poco más de cebolleta.

CON GRANADA

Mezcla en un cazo 220 g de azúcar
moreno, 375 ml de zumo de granada,
3 cucharaditas de ralladura de
naranja, 2 dientes de ajo chafados,
1½ cucharadas de salsa Worcestershire,
1½ cucharadas de mostaza de Dijon
y 80 ml de kétchup. Remuévelo bien.
Llévalo a ebullición y cuécelo a fuego
medio, removiéndolo de vez en cuando,
10 minutos o hasta que se reduzca a la
mitad. Sirve las alitas con unos granos
de granada por encima.

CON PIÑA HULI-HULI

Mezcla en una sartén 110 g de azúcar
moreno, 170 ml de zumo fresco de
piña, 125 ml de kétchup, 125 ml
de salsa de soja, 80 ml de vinagre de
malta, 1 cucharada de jengibre fresco
rallado fino y 2 dientes de ajo
chafados. Cuécelo a fuego medio
5 minutos. Esparce 1 cucharada de
pimentón sobre las alitas antes de
mezclarlas con la marinada. Sírvelas
con un poco de cilantro.

CON SALSA BARBACOA AHUMADA

Mezcla en un bol 175 g de miel con
125 ml de salsa barbacoa ahumada
y 2 cucharadas de salsa teriyaki. Sirve
las alitas con unas rodajas finas de
guindilla roja y cuñas de lima.

BERENJENAS RELLENAS
DE LENTEJAS

---

2 berenjenas grandes (1 kg)
   cortadas por la mitad a lo largo
2 cdtas. de sal
aceite de oliva en spray
1 cda. de aceite de oliva virgen extra
1 cebolla mediana (150 g)
   picada fina
2 dientes de ajo chafados
1 cdta. de comino molido
1 cdta. de pimentón ahumado
400 g de lentejas en conserva
   escurridas y lavadas
400 g de tomates cherry
3 cdas. de hojas de orégano picadas
100 g de queso feta desmenuzado
25 g de parmesano rallado fino
para servir: más hojas de orégano

1 Con un cuchillo pequeño y afilado, haz un corte en forma de rombo en las mitades de berenjena, sin atravesarlas del todo; sazónalas con sal. Ponlas, con la parte del corte hacia abajo, sobre una rejilla 30 minutos. Lávalas y sécalas con papel de cocina. Con una cucharilla, vacíalas, dejando intacta 1 cm de pulpa alrededor, y pica fina la pulpa. Rocía las pieles con aceite.

2 Precalienta una freidora de aire de 7 litros a 180 °C durante 3 minutos.

3 Con cuidado, introduce las pieles, con el corte hacia arriba, en la cesta; cocínalas a 180 °C durante 12 minutos hasta que se ablanden.

4 Mientras, calienta el aceite en una sartén a fuego medio-alto y sofríe la cebolla, removiéndola, 5 minutos o hasta que se ablande. Añade el ajo, el comino y el pimentón y sofríelo todo, removiéndolo,

1 minuto o hasta que desprenda su aroma. Agrega la pulpa y sofríelo, removiéndolo de vez en cuando, 5 minutos o hasta que esté tierna. Echa las lentejas y los tomates y sofríelo a fuego lento. Condiméntalo con el orégano y sazónalo con sal y pimienta. Déjalo que se enfríe 5 minutos. Incorpora la mitad del queso feta.

5 Pasa las pieles a un plato. Rellénalas con la mezcla de lentejas, esparce el parmesano y el resto del queso feta y rocíalas ligeramente con aceite.

6 Con cuidado, introduce las berenjenas rellenas en la cesta; cocínalas a 180 °C durante 8 minutos hasta que se doren ligeramente y estén blandas.

7 Sirve las berenjenas rellenas con unas hojas de orégano por encima.

**preparación + cocción
50 min (+ reposo)
para 4 personas**

CHIMICHANGAS DE POLLO
CON SALSA DE AGUACATE

---

480 g de pollo cocido desmenuzado

30 g de sazonador para tacos

120 g de cheddar rallado grueso

200 g de salsa para tacos

4 tortillas de harina de 20 cm ligeramente calientes

aceite de oliva en spray

1 aguacate mediano (250 g) en dados

1 tomate mediano (150 g) picado

½ cebolla morada pequeña (50 g) picada fina

2 cdas. de cilantro picado fino

1 cda. de zumo de lima

1 cda. de aceite de oliva virgen extra

2 lechugas romanas de cogollo pequeño cortadas

1 En un bol, mezcla el pollo con el sazonador para tacos, el cheddar y 80 ml de la salsa para tacos; sazónalo con sal y pimienta. Divide la mezcla entre las tortillas, colocándola a lo largo del centro de cada una. Aplánala ligeramente y dale forma de rectángulo. Dobla los extremos de las tortillas y enróllalas para que no se salga el relleno. Rocíalas por todas partes con aceite.

2 Precalienta una freidora de aire de 7 litros a 180 °C durante 3 minutos.

3 Con cuidado, introduce las chimichangas, con el lado del doble hacia abajo, en la cesta de la freidora; cocínalas a 180 °C durante 12 minutos, dándoles la vuelta a mitad de la cocción, hasta que se doren y el relleno esté caliente.

4 Mientras, para preparar la salsa de aguacate, mezcla el aguacate con el tomate, la cebolla, el cilantro, el zumo de lima y el aceite en un bol. Sazónala con sal y pimienta.

5 Para servir, reparte las chimichangas, la lechuga y la salsa de aguacate en los platos. Cubre las chimichangas con la salsa para tacos restante.

preparación + cocción
45 min para 4 personas

SALMÓN CRUJIENTE
CON SALSA VERDE

---

4 filetes de salmón sin espinas
   de 185 g cada uno, con piel
1 cda. de aceite de oliva virgen extra
2 cdtas. de sal marina en escamas
1 chalota pequeña picada fina
1 diente de ajo chafado
2 cdtas. de ralladura fina de limón
2 cdas. de zumo de limón
2 cdas. de eneldo picado fino
10 g de perejil picado
2 cdas. de cebollino picado
1 cda. de alcaparras picadas
   gruesas
para servir: un poco más de sal
   marina en escamas

1 Precalienta una freidora de aire de 7 litros a 200 °C durante 3 minutos.

2 Unta el salmón con aceite y esparce la sal marina por encima.

3 Con cuidado, forra la cesta de la freidora con un tapete de silicona, si tienes (p. 11). Coloca el salmón, con la piel hacia arriba, en su interior; cocínalo a 200 °C durante 8 minutos, hasta que la piel esté crujiente y el salmón esté a tu gusto.

4 Mientras, para preparar la salsa verde, mezcla el resto de los ingredientes en un bol. Sazónala con sal y pimienta y remuévela bien.

5 Sirve el salmón con la salsa verde y un poco más de sal marina por encima.

MATCH SEGURO
Patatas con mostaza
y menta, p. 145.

preparación + cocción
25 min para 4 personas

CALZONES DE PEPPERONI

200 g de pepperoni en lonchas finas

1 pimiento rojo mediano (200 g) sin semillas y en rodajas finas

250 g de espinacas picadas descongeladas

50 g de tomate semiseco en tiras, sin aceite

2 cdas. de orégano picado

70 g de mozzarella rallada gruesa

2 bolas de masa de pizza fresca de 250 g (consejo, p. 60)

65 g de salsa espesa para pizza (salsa de tomate con hierbas aromáticas)

para servir: sal marina en escamas

1 Calienta una sartén antiadherente a fuego medio-alto. Sofríe el pepperoni y el pimiento rojo, removiéndolos, 5 minutos o hasta que se doren y se ablanden. Pásalos a un plato forrado con papel de cocina para que se enfríen.

2 Mientras, estruja las espinacas para eliminar el exceso de agua y ponlas en un bol. Añade la mezcla de pepperoni, las tiras de tomate semiseco, el orégano y la mozzarella. Remuévelo bien.

3 Divide cada bola de masa en dos porciones iguales. Con un rodillo, estíralas sobre un trozo de papel vegetal ligeramente enharinado hasta formar un círculo de 18 cm. Úntalos por toda su superficie con la salsa para pizza, dejando un espacio libre de 1,5 cm alrededor del borde. Cubre la mitad de cada círculo con la mezcla de pepperoni y dobla la masa sobre el relleno. Pellizca los bordes para sellarlos y dóblalos sobre sí mismos para hacer pliegues. Con un cuchillo pequeño y afilado, haz tres cortes en la parte superior. Recorta el papel vegetal para que sea 3 cm más grande que dos calzones juntos.

4 Precalienta una freidora de aire de 7 litros a 180 °C durante 3 minutos.

5 Con cuidado, y ayudándote del papel vegetal, introduce los dos calzones en la cesta de la freidora; cocínalos a 180 °C durante 14 minutos, dándoles la vuelta a mitad de la cocción, o hasta que se doren y estén bien hechos. Pásalos a un plato y cúbrelos para mantenerlos calientes. Repite la operación con el resto de los calzones.

6 Esparce la sal por encima y sírvelos.

preparación + cocción 45 min para 4 personas

NUESTRAS SALSAS

SALSA DE ACEITUNAS VERDES

preparación 5 min para 185 ml

Tritura 55 g de aceitunas verdes sicilianas (nocellara) sin hueso, 2 cucharadas de hojas de orégano y 80 ml de aceite de oliva hasta obtener una salsa casi fina; sazónala con sal y pimienta.

SALSA DE FETA

preparación 5 min para 250 ml

Tritura 130 g de yogur griego, 100 g de queso feta desmenuzado y 2 cucharadas de zumo de lima hasta obtener una salsa fina; sazónala con sal y pimienta. Incorpora 1 cucharadita de ralladura fina de lima.

SALSA DE MISO Y AGUACATE

preparación 5 min para 185 ml

Tritura 1 aguacate mediano picado (250 g), 3 cucharaditas de pasta de miso blanco (shiro miso) y 75 g de mayonesa hasta obtener una salsa fina; sazónala con sal y pimienta.

MAYONESA PICANTE CON LIMA

preparación 5 min para unos 325 g
Mezcla 235 g de mayonesa con 60 ml de sriracha
y 2 cucharadas de zumo de lima en un bol.

SALSA PICANTE DE CACAHUETE

preparación 10 min para 185 ml
Tritura 1 diente de ajo chafado, 1 guindilla roja larga picada
fina, 50 g de cacahuetes tostados sin sal, 60 ml de zumo de
lima fresco, las raíces de 1 manojo de cilantro, 2 cucharadas
de azúcar moreno, 1 de salsa de soja y 1 de agua hasta
obtener una salsa fina.

CHIMICHURRI

preparación 5 min para 310 ml
Tritura 2 cucharadas de vinagre de vino tinto, 125 ml de
aceite de oliva virgen extra, 4 dientes de ajo picados finos,
½ cucharadita de copos de guindilla, 1 cucharadita de sal
marina en escamas, 40 g de hojas de perejil y 2 cucharadas
de hojas de orégano hasta obtener una salsa fina.

RISSOLES ITALIANOS DE POLLO

---

500 g de carne picada de pollo
1 huevo
2 cdas. de piñones ligeramente
   tostados
15 g de albahaca picada fina
1 diente de ajo chafado
60 g de tomates semisecos picados
75 g de panko (pan rallado)
8 lonchas finas de jamón serrano
   (60 g) cortadas por la mitad
   a lo largo
aceite de oliva en spray
1 manojo (125 g) de rúcula limpia
1 cda. de aceite de oliva virgen extra
1 cda. de vinagre balsámico
2 cdas. de parmesano rallado

1 En un bol, mezcla la carne picada con el huevo, los piñones, la albahaca, el ajo, el tomate semiseco y la mitad del pan rallado. Sazónalo con sal y pimienta y remuévelo bien. Forma ocho rissoles de 2 cm de grosor. Pásalos por el resto del pan rallado para rebozarlos ligeramente. Enrolla una tira de jamón alrededor de cada uno y otra en la dirección contraria para formar una cruz, retorciendo los extremos para fijarla. Rocíalos ligeramente con aceite por toda su superficie.

2 Precalienta una freidora de aire de 7 litros a 180 °C durante 3 minutos.
3 Rocía la cesta de la freidora con aceite. Con cuidado, introduce los rissoles en la cesta; cocínalos a 180 °C durante 8 minutos, dándoles la vuelta a mitad de la cocción, o hasta que se doren y estén bien hechos.
4 Mientras, pon la rúcula, el aceite, el vinagre y el parmesano en un bol y remuévelos con cuidado.
5 Sirve los rissoles con la ensalada de rúcula.

**preparación + cocción
30 min para 4 personas**

PO' BOYS DE GAMBAS CON ESPECIAS

---

2 huevos

55 g de panko (pan rallado)

1 cda. de adobo cajún

16 gambas crudas, peladas
   y desvenadas

aceite de oliva en spray

1 barra de pan larga

100 g de mayonesa

1 lechuga romana de cogollo
   pequeño (180 g) con las hojas
   separadas

2 tomates medianos (300 g)
   en rodajas finas

3 pepinillos en rodajas

para servir: un poco más de
   mayonesa, cebollino picado
   y más pepinillos

1 Bate ligeramente los huevos con 1 cucharada de agua en un bol. Mezcla el pan rallado con el adobo cajún en otro bol. Pasa primero las gambas por el huevo y después por la mezcla de pan rallado. Rocíalas por todas partes con abundante aceite.

2 Precalienta una freidora de aire de 7 litros a 180 °C durante 3 minutos.

3 Con cuidado, introduce las gambas en la cesta en una sola capa; cocínalas a 180 °C durante 6 minutos, dándoles la vuelta a mitad de la cocción, hasta que se doren y estén bien hechas.

4 Recorta las puntas de la barra de pan y deséchalas. Corta la barra en cuatro trozos iguales y ábrelos por la mitad, con cuidado de no cortarlos del todo. Unta las partes de abajo con mayonesa y coloca encima un poco de lechuga, tomate, pepinillos y gambas. Añade algo más de mayonesa y esparce el cebollino picado por encima. Sírvelos con un bol de pepinillos.

**preparación + cocción
35 min para 4 personas**

ALBÓNDIGAS ITALIANAS

2 rebanadas de pan blanco (90 g)
80 ml de leche
1 cebolla mediana (150 g)
    rallada gruesa
2 dientes de ajo chafados
1 zanahoria mediana (120 g)
    rallada fina
750 g de carne picada de ternera
7 g de perejil picado
1 huevo ligeramente batido
2 cdas. de passata de tomate
    (concentrado de tomate)
aceite de oliva en spray
420 g de salsa de tomate
400 g de salsa de aceitunas
    para pasta
para servir: lasagnette
    (o espaguetis), parmesano rallado
    y hojas de albahaca

1 Desmenuza el pan en un bol y vierte la leche encima. Añade la cebolla, los ajos, la zanahoria, la carne, el perejil, el huevo y el tomate; sazónalo. Déjalo reposar 10 minutos sin removerlo.
2 Precalienta una freidora de aire de 5,3 litros a 200 °C durante 5 minutos.
3 Con las manos, mezcla los ingredientes en el bol. Toma 1½ cucharadas de la mezcla y dales forma de bola con las manos húmedas. Rocíalas con aceite.
4 Rocía la cesta de la freidora con aceite. Con cuidado, introduce la mitad de las albóndigas en la cesta en una sola capa; cocínalas a 200 °C durante 10 minutos, moviendo la cesta a mitad de la cocción, hasta que se doren y estén hechas. Pásalas a una bandeja y cúbrelas para mantenerlas calientes. Repite la operación con el resto de las albóndigas.
5 Mezcla la salsa de tomate y la salsa de aceitunas en un bol. Pasa las albóndigas por la mezcla de passata y colócalas en una fuente refractaria ovalada de 15 x 22 cm y 1,5 litros de capacidad. Vierte el resto de la mezcla por encima. Introduce la fuente en la cesta y cocínalo a 200 °C durante 10 minutos.
6 Sirve los lasagnette con las albóndigas y la salsa, el parmesano rallado y las hojas de albahaca.

OTRAS COMBINACIONES
albóndigas griegas
Sustituye la carne de ternera por cordero y el perejil por orégano. Añade 2 cucharaditas de canela molida y ½ de copos de guindilla en el paso 5. Sírvelas con orzo, yogur griego y piñones.
albóndigas mexicanas
Añade 2 cucharaditas de comino molido y 1 de tabasco en el paso 1. Mezcla 150 g de mozzarella con 150 g de cheddar rallados. Forma albóndigas e introduce el queso en cada una en el paso 3.

preparación + cocción
45 min para 6 personas

¡GANA TIEMPO! El pollo se puede preparar hasta el final del paso 2 con hasta 4 horas de antelación y refrigerar.

POLLO REBOZADO
CON MAYONESA PICANTE

75 g de harina común
2 huevos
75 g de panko (pan rallado)
40 g de parmesano rallado fino
7 g de perejil picado grueso
2 cdtas. de ralladura fina de limón
12 filetes pequeños de pechuga
   de pollo (900 g)
aceite de oliva en spray
75 g de hojas de ensalada variada
2 cdtas. de zumo de limón
para servir: cuñas de limón

MAYONESA PICANTE
200 g de mayonesa
¾ de cdta. de salsa piri-piri
2 cdtas. de zumo de limón

1 Precalienta una freidora de aire de 5,3 litros a 180 °C durante 3 minutos.
2 Pon la harina en un bol y sazónala con sal y pimienta negra recién molida. Bate ligeramente los huevos en un segundo bol. Mezcla el pan rallado con el parmesano, el perejil y la ralladura de limón en un tercero. Pasa el pollo primero por la harina, retirando el exceso, después por el huevo y para terminar por la mezcla de pan rallado. Rocíalo con abundante aceite.
3 Con cuidado, introduce el pollo en la cesta de la freidora; cocínalo a 180 °C durante 8 minutos, dándole la vuelta a mitad de la cocción, o hasta que se dore y esté bien hecho.

4 Mientras, para preparar la mayonesa picante, mezcla los ingredientes en un bol.
5 Pon la ensalada variada en un bol con el zumo de limón y remuévelo bien.
6 Sirve el pollo rebozado con la mayonesa picante, la ensalada variada y cuñas de limón.

**preparación + cocción
25 min para 4 personas**

POLLO ASADO CON AJO Y LIMÓN

60 g de mantequilla blanda
1 diente de ajo chafado
1 cdta. de pimentón dulce
2 cdtas. de romero picado
1 cdta. de tomillo picado
1 pollo entero (1,2 kg aprox.)
½ limón mediano (70 g) cortado
  por la mitad
8 ramitas de tomillo limón
aceite en spray
1 cabeza de ajos cortada por
  la mitad a lo ancho
4 ramitas de laurel
250 ml de salsa gravy caliente

1 Precalienta una freidora de aire de 5,3 litros a 160 °C durante 3 minutos.
2 En un bol, mezcla la mantequilla con el ajo, el pimentón, el romero y el tomillo.
3 Retira y desecha la grasa de la cavidad del pollo. Seca la cavidad y la piel con papel de cocina. Remete las alas debajo del cuerpo. Pasa los dedos con cuidado entre la piel y la carne de la pechuga. Coloca la mezcla de mantequilla por debajo de la piel, justo encima de la carne. Rellena la cavidad del pollo con limón y la mitad de las ramitas de tomillo limón. Ata las patas con hilo de cocina.
4 Rocía la cesta de la freidora con aceite. Con cuidado, introduce el pollo en la cesta y cúbrelo con papel de aluminio sin tensarlo; cocínalo a 160 °C durante 30 minutos.

5 Destapa el pollo y coloca a su lado las cabezas de ajos cortadas por la mitad y las hojas de laurel. Cocínalo a 160 °C otros 30 minutos, o hasta que al introducir una brocheta en la parte más gruesa del muslo, los jugos salgan transparentes. Pasa el pollo, el ajo y las hojas de laurel a una fuente y déjalo reposar 10 minutos.
6 Sirve el pollo con las hojas de laurel, el ajo, las ramitas de tomillo limón restantes y la salsa caliente.

preparación + cocción
1¼ horas para 4 personas

¡GANA TIEMPO! La carne se puede preparar la víspera y refrigerar. Unta las hamburguesas con salsa barbacoa antes de cocinarlas.

BURGER COREANA
CON ENSALADA DE KIMCHI

---

1 cda. de azúcar moreno

2 cdas. de salsa de soja

85 g de pasta de guindilla fermentada gochujang (ver consejo)

2 dientes de ajo chafados

2 cdtas. de jengibre fresco rallado fino

700 g de carne picada de ternera

1 huevo

75 g de pan rallado

2 cdas. de salsa barbacoa

aceite en spray

4 lonchas de cheddar (160 g)

4 panecillos de brioche (400 g)

100 g de mayonesa japonesa

para servir: chips de boniato

ENSALADA DE KIMCHI

25 g de kimchi rallado fino

2 cdtas. de vinagre de arroz

2 cdtas. de aceite vegetal

2 cdtas. de aceite de sésamo

160 g de col rallada (ver consejo)

7 g de hojas de menta

1 Precalienta una freidora de aire de 5,3 litros a 180 °C durante 3 minutos.

2 En un bol, mezcla el azúcar con la salsa de soja, la pasta de guindilla menos 1 cucharadita, los ajos y el jengibre. Añade la carne, el huevo y el pan rallado; con las manos, remuévelo bien. Forma 4 hamburguesas del mismo tamaño que los panecillos, asegurándote de que quepan a la vez en la cesta. Úntalos bien con la salsa barbacoa.

3 Rocía la cesta de la freidora con aceite. Con cuidado, introduce las hamburguesas en su interior; cocínalas a 180 °C durante 6 minutos, dándoles la vuelta a mitad de la cocción. Coloca una loncha de cheddar encima de cada una. Vuelve a introducir la cesta en la freidora. Con la freidora apagada, deja las hamburguesas en su interior 1 minuto para que el queso se derrita.

4 Mientras, para preparar la ensalada, mezcla el kimchi con el vinagre y los aceites en un bol. Añade la col y la menta y remuévelo.

5 Abre los panecillos por la mitad y tuéstalos. Unta las partes de abajo con la mayonesa mezclada con la pasta de guindilla restante, coloca encima las hamburguesas y la ensalada y ciérralos.

6 Sirve las hamburguesas con chips de boniato.

CONSEJO El gochujang es una pasta de guindilla roja fermentada coreana. La encontrarás en las tiendas de alimentación asiáticas. Puedes utilizar tu salsa picante favorita, ajustando la cantidad a tus gustos. Nosotros usamos una mezcla de col lombarda y col blanca china (col pe-tsai) ralladas, pero puedes utilizar la mezcla que quieras, incluida una ensalada de col sin aliñar.

**preparación + cocción
30 min para 4 unidades**

MUSLITOS DE POLLO PORTUGUESES

2 dientes de ajo picados
1 guindilla roja larga picada
1 cda. de orégano picado fino
2 cdas. de vinagre de sidra
  de manzana
1 cda. de aceite de oliva virgen extra
1 cda. de azúcar moreno
2 cdtas. de pimentón ahumado
1 cdta. de sal marina en escamas
8 muslos de pollo (1,2 kg)

1 Para preparar la marinada, introduce el ajo, la guindilla y el orégano en un robot de cocina pequeño o en una batidora y tritúralos finos. Añade el vinagre, el aceite, el azúcar, el pimentón y la sal y tritúralo de nuevo.

2 Pon el pollo en un plato llano grande, vierte la marinada y remuévelo bien. Cúbrelo con film transparente y refrigéralo durante 2 horas.

3 Precalienta una freidora de aire de 7 litros a 200 °C durante 3 minutos.

4 Con cuidado, introduce el pollo escurrido (ver consejo) en la cesta de la freidora; cocínalo a 200 °C durante 25 minutos, dándole la vuelta a mitad de la cocción, o hasta que esté bien hecho.

CONSEJO Calienta la marinada escurrida en un cazo 3 minutos hasta que se reduzca y espese ligeramente. Úsala para untar el pollo mientras se cocina.

**preparación + cocción
40 min (+ enfriar)
para 4 personas**

VERDURAS
Y MUCHO MÁS

¡Las freidoras de aire pueden hacer que tus guarniciones brillen! Desde ensaladas templadas de verduras a patatas y mazorcas de maíz asadas, buñuelos de macarrones con queso, tofu con azúcar de palma y rosti de zanahoria. ¡No te lo pierdas!

GAJOS DE BONIATO CON ADOBO CAJÚN

2 cdtas. de comino molido
1 cdta. de cilantro molido
1 cdta. de sal de ajo
½ cdta. de pimentón ahumado
½ cdta. de tomillo seco
½ cdta. de orégano seco
½ cdta. de cayena
1 kg de boniatos pequeños
1 cda. de aceite de oliva virgen extra
para servir: sal marina en escamas,
   cilantro picado y crema agria

1 Precalienta una freidora de aire de 7 litros a 200 °C durante 3 minutos.
2 Para preparar el adobo cajún, mezcla el comino con el cilantro, la sal de ajo, el pimentón, el tomillo, el orégano y la cayena en un bol.
3 Frota los boniatos y sécalos; córtalos en gajos largos y finos. Ponlos en un bol con el aceite y el adobo cajún y remuévelos para que se impregnen bien.
4 Con cuidado, introduce los gajos en la cesta de la freidora; cocínalos a 200 °C durante 15 minutos, dándoles la vuelta a mitad de la cocción, o hasta que se doren y estén bien hechos.

5 Esparce la sal y el cilantro picados sobre los gajos de boniato y sírvelos con crema agria.

**preparación + cocción
25 min para 4 personas**

ZANAHORIAS ASADAS CON SIROPE
Y AVELLANAS

2-3 manojos de zanahorias arcoíris
  baby (500 g) peladas
20 g de mantequilla derretida
1 cda. de aceite de oliva virgen extra
2 cdas. de sirope de arce
1 diente de ajo chafado
35 g de avellanas crudas

1 Precalienta una freidora de aire de 7 litros a 200 °C durante 3 minutos.
2 Corta las zanahorias más grandes por la mitad a lo largo. En un bol, mezcla las zanahorias con la mantequilla, el aceite, el sirope de arce y el ajo. Sazónalas con sal y pimienta negra recién molida y remuévelas.
3 Con cuidado, introduce las zanahorias en la cesta de la freidora, reservando la mezcla de mantequilla sobrante en el bol; cocínalas a 200 °C durante 10 minutos, dándoles la vuelta a mitad de la cocción.

4 Esparce las avellanas por encima y cocínalo a 200 °C otros 5 minutos o hasta que las zanahorias se doren y estén blandas.
5 Para servir, rocía las zanahorias y las avellanas con la mezcla de mantequilla reservada.

**preparación + cocción
25 min para 4 personas**

PATATAS CHAFADAS
CON SAL Y VINAGRE

1,2 kg de patatas rojas, como désirée, pontiac, red lady o red king Edward, cortadas por la mitad si son grandes

750 ml de vinagre de vino blanco

1 cda. de sal gorda

60 ml de aceite de oliva virgen extra

1 cabeza de ajos con los dientes separados pero sin pelar

1 manojo (20 g) de ramitas de romero

1 Pon las patatas en una olla. Añade el vinagre y la sal gorda y cúbrelas con agua. Llévalas a ebullición. Cuécelas, parcialmente tapadas, de 15 a 20 minutos (el tiempo de cocción variará en función del tamaño) o hasta que estén blandas; escúrrelas.

2 Precalienta una freidora de aire de 5,3 litros a 200 °C durante 3 minutos.

3 Pasa las patatas a una bandeja de horno grande. Con un chafapatatas o el dorso de una cuchara, presiónalas hasta que se aplasten ligeramente y las pieles se rompan. Úntalas con aceite.

4 Con cuidado, introduce las patatas en la cesta de la freidora; cocínalas a 200 °C durante 30 minutos, dándoles la vuelta dos veces durante la cocción, o hasta que se doren. Añade los ajos a los 10 minutos de cocción y el romero los últimos 5 minutos.

5 Sazona las patatas con abundante sal marina. Sírvelas con los dientes de ajo y las ramitas de romero asados.

**preparación + cocción
55 min para 6 personas**

97

MIS ENSALADAS

preparación 15 min
(+ enfriar)
para 4 personas

ENSALADA ITALIANA DE ARROZ

Calienta un paquete de 450 g de arroz integral apto para microondas siguiendo las indicaciones del paquete; pásalo a un bol. Añade 75 g de tiras de tomate semiseco (sin aceite), 15 g de hojas de albahaca, 60 g de espinacas baby picadas gruesas, 80 g de aceitunas verdes sicilianas (nocellara) deshuesadas en rodajas, 1 cebolla morada pequeña en rodajas finas y 60 ml de vinagre balsámico. Sazónalo al gusto y remuévelo con cuidado.

ENSALADA DE COL CON EDAMAME

Mezcla en un bol 160 g de col lombarda rallada fina, 150 g de zanahoria rallada, 70 g de cacahuetes tostados sin sal, 1 guindilla roja larga picada fina, 400 g de edamame pelado y escaldado y 125 ml de salsa de soja con sésamo y jengibre al estilo asiático. Sazónalo al gusto y remuévelo con cuidado.

TABULÉ DE LENTEJAS

Mezcla en un bol 2 botes de lentejas cocidas de 400 g, escurridas, 20 g de hojas de perejil y 20 g de hojas de menta, 4 cebolletas en rodajas, 250 g de tomates cherry en rodajas, 60 ml de zumo de limón y 60 ml de aceite de oliva. Sazónalo al gusto y remuévelo con cuidado.

ENSALADA DE KALE, PERA, CHEDDAR AHUMADO Y ALMENDRAS

Mezcla en un bol 60 g de kale picada, 1 pera mediana descorazonada y en rodajas finas, 40 g de cheddar ahumado rallado fino, 40 g de almendras tostadas picadas, 2 cucharadas de zumo de limón y 1 de aceite de oliva. Sazónalo al gusto y remuévelo con cuidado.

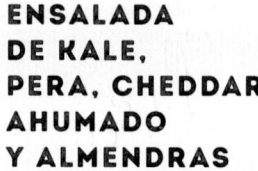

4 TIPOS

ENSALADA
ITALIANA

TABULÉ DE
LENTEJAS

ENSALADA
DE COL

ENSALADA
DE KALE, PERA,
CHEDDAR Y
ALMENDRAS

COLES Y MÁS COLES

300 g de brócoli
300 g de coles de Bruselas verdes
 y moradas
240 g de col kale sin los tallos
2 cdas. de aceite de oliva
 virgen extra
2 cdas. de miel
aceite en spray
2 dientes de ajo en láminas finas
75 g de jamón serrano
80 g de almendras tostadas picadas

TAHINI VERDE
2 cdas. de tahini
2 cdas. de zumo de limón
2 cdas. de agua fría
1 cda. de aceite de oliva virgen extra
15 g de hojas de espinacas baby

1 Precalienta una freidora de aire de 5,3 litros a 200 °C durante 3 minutos.
2 Corta el brócoli en ramitos. Recorta la base y retira las hojas exteriores de las coles de Bruselas. Corta las hojas de kale en trozos más pequeños.
3 Mezcla el aceite de oliva con la miel en un bol. Añade el brócoli y las coles de Bruselas y remuévelo bien. Sazónalo al gusto.
4 Con cuidado, introduce la mezcla de coles en la cesta de la freidora; cocínala a 200 °C durante 8 minutos, removiéndola a mitad de la cocción, o hasta que las coles estén crujientes por los bordes.
5 Introduce las hojas de kale y rocíalas con aceite; cocínalas a 200 °C durante 4 minutos.

6 Coloca el ajo y el jamón encima y cocínalos a 200 °C durante 5 minutos, hasta que el jamón esté crujiente.
7 Mientras, para preparar el tahini verde, tritura los ingredientes hasta obtener una pasta fina; sazónala al gusto. Añade un poco más de agua, si es necesario, para diluirla.
8 Sirve la mezcla de coles con el jamón serrano desmenuzado, el tahini verde y unas almendras esparcidas por encima.

**preparación + cocción
35 min para 4 personas**

AROS DE CEBOLLA REBOZADOS

---

35 g de harina común
1 cdta. de pimentón ahumado
1 huevo
1 cda. de agua fría
110 g de panko (pan rallado)
2 cebollas medianas (300 g)
   en rodajas de 1 cm
   y separadas en aros
aceite de oliva en spray
para servir: alioli

1 Mezcla la harina con el pimentón en un bol y sazónala con sal y pimienta negra recién molida. Bate ligeramente el huevo y el agua fría en un segundo bol. Pon el pan rallado en un tercero. Pasa los aros de cebolla primero por la mezcla de harina, retirando el exceso, después por el huevo y para terminar por el pan rallado. Rocíalo con abundante aceite por todas partes.
2 Precalienta una freidora de aire de 7 litros a 190 °C durante 3 minutos.

3 Con cuidado, introduce la mitad de los aros de cebolla en la cesta de la freidora; cocínalos a 190 °C durante 5 minutos o hasta que se doren y estén blandos. Pásalos a una rejilla. Repite la operación con el resto de los aros de cebolla.
4 Sirve los aros de cebolla con el alioli.

**preparación + cocción
25 min para 4 personas**

BUÑUELOS DE MACARRONES CON QUESO

Tendrás que empezar a preparar esta receta el día de antes.

240 g de macarrones
1 calabacín mediano (120 g) picado fino
140 g de guisantes y maíz congelados
50 g de mantequilla
200 g de harina común
500 ml de leche
1 cdta. de mostaza de Dijon
2 cebolletas en rodajas finas
1 pimiento rojo pequeño (150 g) picado fino
60 g de mozzarella rallada
30 g de cheddar rallado
20 g de parmesano rallado
2 huevos
150 g de panko (pan rallado)
3 cdas. de cebollino picado fino
aceite de oliva en spray
para servir: sal marina en escamas y chutney de tomate

1 Unta una fuente de horno de 20 x 30 cm con aceite. Forra la base y los lados con papel vegetal, sacando el papel 5 cm por encima del borde.

2 Lleva una olla con agua a ebullición, sala y cuece la pasta siguiendo las indicaciones del paquete. Añade el calabacín, los guisantes y el maíz congelados los últimos 3 minutos. Escúrrelo bien. Vuelve a ponerlos en la olla.

3 Mientras, prepara la salsa de queso. Derrite la mantequilla en una cazuela a fuego medio-alto. Añade 50 g de la harina y sofríela, removiéndola, 2 minutos o hasta que hierva. Incorpora poco a poco la leche y cuécela, removiéndola, 5 minutos o hasta que la salsa hierva y espese. Retírala del fuego y agrega la mostaza, la cebolleta, el pimiento rojo y los quesos para que se derritan.

4 Vierte la salsa de queso sobre la pasta y las verduras y remuévelo bien. Pasa la mezcla a la fuente preparada y alisa la superficie. Refrigérala 6 horas o toda la noche.

5 Una vez firme, vuelca la mezcla sobre una superficie de trabajo limpia y córtala en cuadrados de 4 cm. Pon la harina restante en un bol. Bate ligeramente los huevos en un segundo bol. Mezcla el pan rallado y el cebollino en un tercero. Pasa los cuadrados primero por la harina, retirando el exceso, después por el huevo y para terminar por la mezcla de pan rallado. Colócalos en una bandeja. Refrigéralos 15 minutos.

6 Precalienta una freidora de aire de 7 litros a 200 °C durante 3 minutos.

7 Rocía los buñuelos con abundante aceite. Introduce la mitad en la cesta de la freidora en una sola capa; cocínalos a 200 °C durante 10 minutos, dándoles la vuelta a mitad de la cocción. Con una espátula o una rasera, pásalos a un plato y cúbrelos con papel de aluminio sin tensarlo. Repite la operación con el resto de los buñuelos.

8 Esparce la sal y sírvelos con el chutney de tomate.

preparación + cocción
50 min (+ enfriar)
para 4 personas

CALABAZA ASADA
CON SALSA DE PIPAS

---

1 kg de calabaza sin pelar en cuñas
   de 3 cm de grosor
2 cdas. de aceite de oliva
   virgen extra
50 g de pipas de calabaza tostadas
250 g de queso feta desmenuzado
para servir: hojas de perejil

SALSA DE PIPAS
100 g de pipas de calabaza tostadas
20 g de hojas de perejil
125 ml de aceite de oliva
   virgen extra
80 ml de zumo de lima
1 diente de ajo pequeño chafado

1 Precalienta una freidora de aire de 5,3 litros a 200 °C durante 3 minutos.
2 Pon las cuñas de calabaza con el aceite en un bol y sazónalas con sal y pimienta negra recién molida. Con los dedos, frótalas bien.
3 Con cuidado, introduce las cuñas de calabaza en posición vertical en la cesta de la freidora; cocínalas a 200 °C durante 40 minutos, dándoles la vuelta varias veces durante la cocción, hasta que estén tiernas.
4 Mientras, para preparar la salsa de pipas, tritura los ingredientes hasta obtener una mezcla ligeramente grumosa; sazónala al gusto.

5 Sirve las cuñas de calabaza cubiertas con la salsa de pipas, las pipas de calabaza tostadas, el queso feta y las hojas de perejil.

¡GANA TIEMPO! La salsa de pipas se puede preparar hasta con 4 días de antelación; guárdala en el frigorífico en un frasco cerrado, cubierta con una capa fina de aceite de oliva virgen extra hasta que la necesites.

preparación + cocción
1 hora para 6 personas

PATATAS GRATINADAS

750 g de patatas harinosas,
   como king Edward, Maris Piper
   o russet, peladas
160 ml de nata líquida caliente
80 ml de leche caliente
2 dientes de ajo chafados
1 cda. de hojas de romero
1 cebolla pequeña (80 g)
   en rodajas finas
120 g de gruyer rallado
para servir: sal marina en escamas

1 Con una mandolina normal, de corte en V o un cuchillo afilado, corta las patatas en rodajas muy finas.

2 Con unas varillas, bate la nata con la leche, el ajo y el romero. Sazona la mezcla con sal y pimienta negra recién molida.

3 Coloca las patatas, la cebolla y un poco de la mezcla de nata en una fuentc dc horno redonda de 20 cm de diámetro y añade el resto de la mezcla de nata encima. Con las manos, presiona con firmeza las patatas.

4 Precalienta una freidora de aire de 7 litros a 160 °C durante 3 minutos.

5 Con cuidado, introduce la fuente en la cesta de la freidora; cocina la mezcla a 160 °C durante 25 minutos hasta que las patatas estén blandas.

6 Esparce el gruyer por encima y cocínalo a 160 °C otros 5 minutos o hasta que el queso se dore.

7 Esparce la sal marina por encima y sírvelo.

preparación + cocción
45 min para 6 personas

MAZORCAS DE MAÍZ CON QUESO

6 mazorcas de maíz (1,5 kg)
  con la piel
100 g de queso de cabra fresco
  desmenuzado
la ralladura fina de 1 lima
7 g de hojas de cilantro
20 g de chalotas fritas asiáticas
para servir: cuñas de lima

MANTEQUILLA DE SRIRACHA Y LIMA
125 g de mantequilla blanda
  en dados
70 g de sriracha
2 cdtas. de zumo de lima

1 Cuece las mazorcas de maíz con las hojas y las sedas en una olla de agua hirviendo con sal 3 minutos, o hasta que estén casi tiernas, y escúrrelas. Deja que se enfríen. Retira hacia atrás las pieles y desecha las sedas. Ata las pieles con hilo de cocina.
2 Precalienta una freidora de aire de 5,3 litros a 200 °C durante 3 minutos.
3 Dobla las pieles, para que las mazorcas quepan en la cesta de la freidora, y envuelve cada una con papel de aluminio para evitar que se quemen.
4 Con cuidado, introduce la mitad de las mazorcas en la cesta y cocínalas a 200 °C durante 10 minutos. Pásalas a un plato y cúbrelas para mantenerlas calientes. Repite la operación con el resto de las mazorcas de maíz.

5 Mientras, para preparar la mantequilla de sriracha y lima, bate la mantequilla en un robot de cocina. Añade la sriracha y el zumo de lima y bátela hasta que esté fina.
6 Unta las mazorcas calientes con la mantequilla de sriracha y lima, cúbrelas con el queso de cabra, la ralladura de lima, el cilantro y las chalotas fritas. Sírvelas con las cuñas de lima.

**preparación + cocción
35 min para 6 personas**

ESPÁRRAGOS TRIGUEROS CON JAMÓN
Y MANTEQUILLA DE AJO

24 espárragos trigueros
   (600 g) limpios
4 lonchas de jamón serrano (60 g)
   cortadas por la mitad a lo largo
aceite de oliva en spray
30 g de mantequilla
1 diente de ajo chafado
2 cdtas. de hojas de tomillo

1 Precalienta una freidora de aire de 7 litros a 180 °C durante 3 minutos.
2 Agrupa los espárragos de tres en tres. Enróllalos con una loncha de jamón para sujetarlos y rocíalos con aceite por todas partes.
3 Con cuidado, introduce los manojos de espárragos en la cesta de la freidora; cocínalos a 180 °C durante 6 minutos, dándoles la vuelta a mitad de la cocción, hasta que el jamón se dore y los espárragos estén tiernos.

4 Mientras, para preparar la mantequilla de ajo, sofríe la mantequilla y el ajo en una sartén a fuego medio hasta que la mantequilla se derrita. Añade el tomillo y sazónala con sal y pimienta negra recién molida.
5 Sirve los manojos de espárragos con la mantequilla de ajo por encima.

preparación + cocción
15 min para 4 personas

BONIATO HASSELBACK

6 boniatos pequeños (1,2 kg)
60 g de mantequilla derretida
2 dientes de ajo chafados
½ cdta. de canela molida
2 cdtas. de sal marina en escamas
100 g de pancetta arrotolata
   (panceta enrollada) o ahumada
1 cda. de cebollino picado

MANTEQUILLA DE CEBOLLINO
80 g de mantequilla blanda
1 cdta. de sirope de arce
2 cdas. de cebollino picado

1 Lava los boniatos sin pelarlos y colócalos en una tabla de cortar. Córtalos ligeramente a lo largo de un lado a otro para que no rueden. Coloca un palillo en la tabla, a lo largo, a ambos lados de cada uno. Córtalos a lo ancho en rodajas de 1 cm hasta llegar a los palillos (que te impedirán atravesarlos del todo). Repite la operación con el resto de los boniatos.

2 Precalienta una freidora de aire de 5,3 litros a 200 °C durante 3 minutos.

3 En un bol, mezcla la mantequilla con el ajo, la canela y la sal marina. Unta los boniatos con la mantequilla de ajo.

4 Con cuidado, introduce los boniatos en la cesta de la freidora y cocínalos a 200 °C durante 15 minutos.

5 Coloca la panceta encima de los boniatos y cocínalos a 200 °C otros 5 minutos, hasta que al pincharlos con la punta de un cuchillo estén tiernos y la panceta esté crujiente.

6 Mientras, para preparar la mantequilla de cebollino, bate la mantequilla en un bol con una batidora de varillas hasta que esté ligera y esponjosa. Incorpora el sirope de arce y añade el cebollino.

7 Unta los boniatos con la mantequilla batida. Corónalos con la panceta crujiente y sírvelos con el cebollino picado esparcido por encima.

VARIANTE Puedes sustituir el boniato por patatas. En este caso, no utilices canela sino pimentón. Las patatas se decoloran al cortarlas; prepáralas cuando las vayas a servir.

**preparación + cocción
1 hora para 6 personas**

¡GANA TIEMPO! El boniato se puede preparar hasta el final del paso 3 con 6 horas de antelación; refrigéralo hasta que lo vayas a usar. Precalienta la freidora de aire justo cuando lo vayas a hacer.

CAJÚN

CON PIMENTÓN

GAJOS
DE
BONIATO

CON LIMÓN

CON SAL

PICANTES

PATATAS GAJO CAJÚN

Precalienta una freidora de aire de 5,3 litros a 200 °C durante 3 minutos. Corta 1 kg de patatas sin pelar en gajos. Mezcla 2 cucharadas de aceite de oliva con 2 cucharaditas de comino molido, 1 de cilantro molido, 1 de pimentón picante, ½ de orégano molido, ½ de pimienta negra molida y ¼ de cucharadita de cayena en un bol. Añade las patatas. Introdúcelas en la cesta y cocínalas 15-20 minutos, dándoles la vuelta una vez. Sazónalas con sal y sírvelas con orégano.

PATATAS GAJO CON PIMENTÓN

Precalienta una freidora de aire de 5,3 litros a 200 °C durante 3 minutos. Corta 1 kg de patatas harinosas, tipo sebago o Maris Piper en gajos. Ponlas en un bol con 2 cucharadas de aceite de oliva virgen extra, 40 g de mantequilla derretida y 2 cucharaditas de pimentón ahumado. Sazónalas con sal. Introdúcelas en la cesta y cocínalas 15-20 minutos, dándoles la vuelta una vez. Esparce 40 g de parmesano rallado fino y sírvelas con mayonesa de ajo.

6 TIPOS PATATAS FRITAS Y EN GAJOS

GAJOS DE BONIATO CON SAL, GUINDILLA Y LIMA

Precalienta una freidora de aire de 5,3 litros a 200 °C durante 3 minutos. Corta 1 kg de boniatos en gajos. Úntalos con 2 cucharadas de aceite de oliva. Introdúcelos en la cesta y cocínalos 15-20 minutos, dándoles la vuelta una vez. Mezcla 2 cucharaditas de ralladura de lima, 2 cucharadas de sal marina en escamas y 1 cucharadita de copos de guindilla en un bol refractario. Introdúcelo en la freidora los 3 últimos minutos. Sazónalos con sal de guindilla y lima.

PATATAS FRITAS CON SAL

Corta 1 kg de patatas harinosas peladas a lo largo en rodajas de 1 cm de grosor y después a lo largo en bastones de 1 cm. Colócalos en un bol con agua fría. Déjalos 30 minutos, escúrrelos y sécalos con papel de cocina. Úntalos con 2 cucharadas de aceite de oliva. Precalienta una freidora de aire de 5,3 litros a 200 °C durante 3 minutos. Introdúcelos en la cesta y cocínalos 15-20 minutos, dándoles la vuelta una vez. Sazónalos con sal.

PATATAS FRITAS CON LIMÓN

Prepara una ración de Patatas fritas con sal (abajo, izda.), omitiendo la sal. Mezcla 1 cucharada de ralladura de limón, ½ cucharadita de pimienta negra recién molida y 1 de sal marina en escamas en un bol. Sazona las patatas fritas calientes con pimienta de limón y sírvelas con cuñas de limón.
variante Utiliza ralladura de lima y granos de pimienta de Sichuan machacados.

¡pruébalo! Están deliciosas con pescado rebozado o a la plancha, gambas, pollo o sándwiches de pescado.

PATATAS FRITAS PICANTES

Prepara una ración de Patatas fritas con sal (izda.). Calienta 2 cucharaditas de aceite de oliva en una sartén. Sofríe 2 guindillas rojas en rodajas hasta que estén blandas. Añade 2 dientes de ajo en láminas y sofríelo, removiéndolo, hasta que desprenda su aroma. Espárcelo sobre las patatas.

¡pruébalo! Están deliciosas con hamburguesas, carne a la plancha y costillas de cordero.

117

REMOLACHA
CON YOGUR Y DUKKAH

---

700 g de remolacha baby lavada
   y sin pelar (ver consejo)
2 cdas. de aceite de oliva
   virgen extra
1½ cdas. de dukkah (mezcla
   de especias de origen egipcio)
140 g de yogur griego
1 cda. de zumo de limón
para servir: un poco más de aceite
   de oliva virgen extra y hojas
   de perejil

1 Precalienta una freidora de aire de 7 litros a 180 °C durante 3 minutos.

2 Corta la remolacha en cuartos, por la mitad o en gajos, para que todos los trozos tengan el mismo tamaño. Ponlos en un bol con el aceite y sazónalos. Con los dedos, frótalos bien (ponte guantes si no quieres mancharte).

3 Con cuidado, introduce los trozos de remolacha, con el corte hacia arriba, en la cesta de la freidora; cocínalos a 180 °C durante 25 minutos, dándoles la vuelta varias veces, hasta que estén tiernos. Esparce el dukkah por encima los últimos 5 minutos de la cocción.

4 Mientras, mezcla el yogur con el zumo de limón en un bol; sazónalo al gusto.

5 Para servir, extiende la mezcla de yogur en un plato y coloca encima la remolacha sazonada con dukkah. Rocíalo todo con un poco de aceite de oliva y distribuye las hojas de perejil. Esparce el dukkah que haya podido caer por los agujeros de la cesta.

**preparación + cocción
35 min para 4 personas**

CONSEJO También puedes
utilizar remolacha normal,
cortada en cuñas de 1,5 cm.

LAS MEJORES PATATAS ASADAS

8 patatas grandes harinosas o
   4 boniatos pequeños (2,4 kg)
aceite de oliva virgen extra en spray
½ cdta. de sal marina en escamas
para servir: mantequilla

1 Precalienta una freidora de aire de 5,3 litros a 200 °C durante 3 minutos.
2 Pincha las patatas por todas partes con un tenedor. Con cuidado, introdúcelas en la cesta de la freidora, rocíalas con aceite y esparce la sal por encima. Cocínalas a 200 °C durante 40 minutos, dándoles la vuelta a mitad de la cocción, hasta que estén tiernas al pincharlas con la punta de un cuchillo.
3 Pasa las patatas a los platos. Hazles un corte en forma de cruz en la parte superior a cada una y ábrelas un poco, apretándolas desde la parte inferior. Sírvelas con unas tiras de mantequilla o los extras que desees.

EXTRAS

nachos Calienta una lata de alubias con tomate o guisadas en una cazuela. Cubre las patatas asadas con 25 g de nachos, las alubias y 120 g de cheddar rallado. Introdúcelas en la cesta y cocínalas a 200 °C durante 2 minutos hasta que el queso se derrita. Añádeles 120 g de crema agria, 1 chile jalapeño en rodajas y 7 g de hojas de cilantro. Sírvelas con tu salsa picante favorita y sazónalas al gusto.

alubias con tomate Pon 250 g de tomates cherry cortados por la mitad en una cazuela con una lata de alubias guisadas, 1 cucharada de mostaza de Dijon y 1 de salsa barbacoa ahumada. Cuécelo a fuego medio, removiéndolo de vez en cuando, hasta que se caliente. Para servir, corona las patatas con las alubias y 20 g de parmesano rallado. Sazónalas al gusto.

CONSEJO Para reducir el tiempo de la freidora de aire, precocina las patatas. Pínchalas con un tenedor e introdúcelas en el microondas a la máxima potencia 8 minutos o hasta que estén blandas. Cocínalas después en la freidora 15 minutos.

preparación + cocción
45 min para 4 personas

121

BIMI CON SÉSAMO, GUINDILLAS
Y SETAS

2 manojos de bimi (700 g) limpios

2 guindillas rojas largas sin semillas
  y en rodajas gruesas

200 g de setas variadas en láminas
  (ver consejo)

1 cda. de aceite de sésamo

3 dientes de ajo en láminas finas

1 cda. de semillas de sésamo

2 cdas. de salsa de ostras

1 Precalienta una freidora de aire de 7 litros a 180 °C durante 3 minutos.

2 Pon el bimi, la guindilla y las setas en un bol, añade el aceite de sésamo y remuévelo bien. Sazónalo con sal y pimienta negra recién molida.

3 Con cuidado, introduce la mezcla de verduras en la cesta de la freidora; cocínala a 180 °C durante 10 minutos, removiéndola a mitad de la cocción, o hasta que las verduras estén crujientes por los extremos.

4 Esparce el ajo y las semillas de sésamo por encima y cocínalo todo a 180 °C otros 3 minutos, hasta que las verduras estén tiernas.

5 Sirve las verduras con la salsa de ostras.

CONSEJO Nosotros hemos utilizado una mezcla de setas shiitake, setas de cardo y de ostra y champiñones comunes.

**preparación + cocción
25 min para 4 personas**

ROSTI DE ZANAHORIA
CON PARMESANO Y TOMILLO

2 zanahorias medianas (240 g)
   ralladas gruesas
1 patata mediana harinosa o versátil
   (200 g) rallada gruesa
½ cebolla pequeña (40 g) rallada
   gruesa
2 huevos ligeramente batidos
25 g de parmesano rallado fino
1 cda. de maicena
1 cda. de hojas de tomillo
   picadas finas
1 diente de ajo chafado
aceite de oliva en spray
para servir: sal marina en escamas
   y crema agria

1 Precalienta una freidora de aire de 7 litros a 200 °C durante 3 minutos.

2 Mezcla la zanahoria con la patata, la cebolla, el huevo, el parmesano, la maicena, el tomillo y el ajo en un bol. Sazónalo y remuévelo bien. Forma ocho círculos de 1 cm de grosor, presionándolos con firmeza entre las manos para compactarlos, y rocíalos por todas partes con aceite.

3 Rocía la cesta de la freidora con aceite. Con cuidado, introduce los rosti en la cesta; cocínalos a 180 °C durante 14 minutos, dándoles la vuelta a mitad de la cocción, hasta que se doren y estén tiernos.

4 Esparce la sal por encima y sírvelos con crema agria.

**preparación + cocción
35 min para 4 personas
(8 unidades)**

TOFU CRUJIENTE
CON AZÚCAR DE PALMA

---

600 g de tofu mediano
2 manojos de bimi (700 g) limpios
    con los tallos gruesos cortados
    por la mitad a lo largo
170 g de gai lan (brócoli chino)
    limpio en trozos de 5 cm
3 claras de huevo
180 g de harina de arroz
2 cdas. de semillas de sésamo
1 cda. de pimienta blanca molida
2 cdtas. de pimienta negra
    recién molida
2 cdtas. de sal
aceite de oliva en spray
para servir: cebolleta en rodajas,
    guindilla roja en rodajas, más
    semillas de sésamo y rodajas
    de lima

ALIÑO DE AZÚCAR DE PALMA
1 cda. de jengibre fresco rallado fino
60 ml de aceite de oliva virgen extra
2 cdas. de zumo de lima
60 ml de mirin
60 ml de salsa de soja
1 cda. de azúcar de palma
    rallado fino
1 guindilla roja pequeña picada fina

1 Corta el tofu a lo ancho en cuatro rodajas y después cada una por la mitad para obtener ocho en total. Forra una tabla de cortar con papel de cocina. Pon las rodajas de tofu encima, cúbrelas con papel de cocina y coloca una bandeja pesada (o una tabla de cortar pequeña) para chafarlas. Déjalas así 10 minutos.

2 Precalienta una freidora de aire de 5,3 litros a 180 °C durante 3 minutos.

3 Lava el bimi y el gai lan. Con cuidado, introdúcelos mojados en la cesta de la freidora; cocínalos a 180 °C durante 5 minutos hasta que estén tiernos. Pásalos a una fuente y cúbrelos para mantenerlos calientes.

4 Mientras, para preparar el aliño de azúcar de palma, pon los ingredientes en un frasco cerrado y agítalo bien.

5 Bate las claras en un bol. Mezcla la harina de arroz con las semillas de sésamo, la pimienta y la sal en un segundo bol. Pasa el tofu por las claras y luego por la mezcla de harina. Rocíalo con abundante aceite.

6 Coloca la mitad del tofu en la cesta y cocínalo a 180 °C durante 15 minutos, dándole la vuelta a mitad de la cocción, o hasta que se dore y esté crujiente. Pásalo a una rejilla. Repite la operación con el resto del tofu.

7 Cubre las verduras con el tofu crujiente, la cebolleta y la guindilla en rodajas y las semillas de sésamo adicionales. Rocíalo todo con el aliño. Sírvelo con las rodajas de lima.

**preparación + cocción
45 min para 4 personas**

FIN DE SEMANA

Las freidoras de aire pueden ser
nuestro mejor aliado para cocinar
platos rápidos y sencillos durante
la semana, pero también cuando
buscamos recetas de carne
y de pescado más ambiciosas
para el fin de semana.

FILETE DE TERNERA
CON SALSA BEARNESA

600 g de patatas en bastones
   de 1 cm
aceite de oliva en spray
4 filetes de tapilla de ternera
   de 200 g cada uno y 2 cm
   de grosor
240 g de guisantes congelados

SALSA BEARNESA
125 ml de vino blanco seco
2 cdas. de vinagre de vino blanco
2 chalotas (50 g) picadas finas
1 cdta. de estragón seco
1 cdta. de pimienta negra en grano
3 yemas de huevo
250 g de mantequilla derretida
1 cda. de estragón fresco picado fino

1 Para preparar la salsa bearnesa, calienta el vino con el vinagre, la chalota, el estragón y la pimienta en un cazo. Cuécela a fuego lento 5 minutos o hasta que se reduzca a unas 2 cucharadas. Pásala por un colador fino sobre un bol refractario y desecha los sólidos. Coloca el bol encima de un cazo con agua hirviendo a fuego lento (sin que toque el agua). Añade las yemas y bátela 3 minutos o hasta que esté pálida y espumosa. Incorpora la mantequilla, cucharada a cucharada, y bátela después de cada adición hasta que espese y esté fina. Retírala del fuego. Añádele el estragón y sazónala. Tapa el cazo y resérvala.

2 Precalienta una freidora de aire de 11 litros a 200 °C durante 3 minutos.

3 Rocía las patatas fritas por todas partes con aceite y extiéndelas en dos de las rejillas de la freidora.

4 Deslízalas en los estantes inferiores y cocínalas a 200 °C durante 20 minutos, girando las rejillas a mitad de la cocción hasta que se doren.

5 Coloca la carne en la rejilla restante. Rocíala por ambos lados con aceite y sazónala. Desliza la rejilla en el segundo estante más alto y cocínala a 200 °C durante 7 minutos, dándole la vuelta a los 2 minutos, o hasta que esté al punto o a tu gusto. Pásala a un plato, cúbrela con papel de aluminio sin tensarlo y déjala reposar 5 minutos.

6 Mientras, cuece los guisantes en agua, al vapor o en el microondas hasta que estén tiernos y escúrrelos.

7 Sazona la carne con pimienta negra recién molida. Sírvela con salsa bearnesa, patatas fritas y guisantes.

preparación + cocción
1 hora para 4 personas

CONSEJO No pongas la carne en el estante más alto de la freidora, ya que podría salir humo. Si tu freidora tiene menos de 7 litros de capacidad, cocina primero las patatas fritas y resérvalas en un plato mientras haces la carne. Luego, mientras esta reposa, recalienta las patatas fritas en la freidora.

ROLLITOS DE CARNE
CON BEICON Y SIROPE DE ARCE

½ cebolla pequeña (40 g) rallada fina
10 g de perejil picado fino
2 dientes de ajo chafados
50 g de pan rallado
1 huevo ligeramente batido
70 g de kétchup sin azúcar
1 cda. de salsa Worcestershire
500 g de carne picada de ternera
1 cda. de hojas de tomillo picadas
4 lonchas de beicon (250 g)
½ cda. de sirope de arce
para servir: un poco más de kétchup
   sin azúcar

1 Precalienta una freidora de aire de 7 litros a 180 °C durante 3 minutos.
2 Mezcla la cebolla con el perejil, el ajo, el pan rallado, el huevo, el kétchup, la salsa Worcestershire y la carne en un bol. Sazónalo con sal y pimienta negra recién molida y remuévelo bien. Divide la mezcla en cuatro porciones iguales y dales la forma de un panecillo alargado. Esparce el tomillo por encima y envuélvelos con el beicon.
3 Con cuidado, introduce los rollitos, con la parte de arriba hacia abajo, en la cesta de la freidora; cocínalos a 180 °C durante 20 minutos, dándoles la vuelta a mitad de la cocción. Unta la parte de arriba con sirope de arce los últimos 5 minutos de la cocción.
4 Sirve los rollitos de carne con un poco más de kétchup.

SUGERENCIA
Envuelve los rollitos de carne con hojas de lechuga romana o iceberg para darles un acabado crujiente.

**preparación + cocción
40 min para 4 personas**

MATCH SEGURO
Patatas piri-piri, p. 145.

COSTILLAS COREANAS CON SALSA DE CACAHUETE

2 kg de costilla de cerdo entera
  (costillar estilo americano)
2 dientes de ajo chafados
1 cdta. de jengibre fresco
  rallado fino
95 g de mantequilla de cacahuete
  crujiente
1 cda. de sriracha
1 cda. de salsa de soja
2 cdtas. de salsa de pescado
1 cda. de azúcar moreno
2 cdtas. de aceite de sésamo
2 cdas. de zumo de lima
125 ml de crema de coco
aceite en spray
2 pepinos sin semillas cortados por
  la mitad a lo largo y en rodajas
2 guindillas rojas largas
  picadas finas
para servir: cuñas de lima y arroz
  basmati cocido

1 Con un cuchillo pequeño y afilado, retira la membrana de la parte posterior de los costillares (o pídele al carnicero que lo haga). Ponlos en una olla, cúbrelos con agua y llévalos a ebullición a fuego medio. Baja el fuego y deja que cuezan 45 minutos o hasta que estén casi tiernos.

2 Mientras, para preparar la marinada, pon el ajo, el jengibre, la mantequilla de cacahuete, las salsas, el azúcar, el aceite y la mitad del zumo de lima en una batidora o en un robot de cocina y tritúralo fino. Incorpora la crema de coco y remuévelo. Pásalo a una fuente que no sea metálica. Escurre los costillares y déjalos en la marinada, dándoles la vuelta para que se impregnen. Cúbrelos y refrigéralos 2 horas.

3 Precalienta una freidora de aire de 7 litros a 180 °C durante 3 minutos.

4 Rocía la cesta de la freidora con aceite. Saca los costillares de la marinada, retirando la que se haya solidificado y reservando el resto.

Introdúcelos en la cesta, de pie, apoyándolos contra los lados de esta y entre sí. Ajusta la temperatura a 160 °C y cocínalos 20 minutos.

5 Unta los costillares con un tercio de la marinada reservada y cocínalos a 160 °C otros 10 minutos hasta que se glaseen.

6 Mientras, mezcla el pepino con la guindilla y el zumo de lima restante en un bol; sazónalo. Déjalo reposar 10 minutos.

7 Para preparar la salsa de cacahuete, pon el resto de la marinada reservada con 2 cucharadas de agua en un cazo a fuego medio-alto y llévala a ebullición. Baja el fuego y cuécela 4 minutos o hasta que espese ligeramente.

8 Corta los costillares en trozos, colócalos en una fuente y riégalos con un poco de salsa de cacahuete. Sírvelos con la salsa de cacahuete restante, la mezcla de pepino, las cuñas de lima y el arroz.

**preparación + cocción
1 hora 40 min (+ enfriar)
para 4 personas**

PASTEL DE POLLO Y PUERROS

500 ml de caldo de pollo

625 g de pechugas de pollo
deshuesadas sin piel

2 láminas de hojaldre con
mantequilla recién descongeladas

1 huevo ligeramente batido

aceite en spray

60 g de mantequilla

1 puerro grande (500 g)
en rodajas finas

2 ramas de apio (300 g)
picadas finas

2 cdas. de harina común

2 cdtas. de hojas de tomillo

125 ml de leche

250 ml de nata líquida

2 cdtas. de mostaza a la antigua

1 Lleva el caldo a ebullición en una cazuela. Añade el pollo y llévalo a ebullición. Baja el fuego y cuécelo, tapado, 10 minutos o hasta que esté hecho. Retíralo del fuego. Déjalo reposar en el caldo 10 minutos.

2 Precalienta una freidora de aire de 5,3 litros a 180 °C durante 3 minutos.

3 Pon las láminas de hojaldre unas encima de las otras. Coloca una fuente de 15 x 22 cm y 1,5 litros encima, recorta un rectángulo de hojaldre del mismo tamaño y hazle cuatro cortes a lo ancho por el centro. (Puedes utilizar una fuente de otro tamaño, pero no tiene que ser mayor que las láminas de hojaldre.)

4 Unta el hojaldre con el huevo. Rocía la cesta de la freidora con aceite. Con cuidado, introduce el hojaldre en su interior; cocínalo a 180 °C de 15 a 18 minutos hasta que se hinche y se dore.

5 Mientras, retira el pollo del caldo y pícalo grueso. Reserva 250 ml del caldo. (Guarda el resto para otros usos o tíralo.) Calienta la mantequilla en una cazuela y sofríe el puerro y el apio, removiéndolos, hasta que el puerro se ablande. Añade la harina y el tomillo y sofríelo todo, removiéndolo, 1 minuto. Vierte despacio el caldo reservado, la leche y la nata. Cuécelo, removiéndolo, hasta que hierva y espese. Incorpora el pollo picado y la mostaza. Sazónalo al gusto.

6 Vierte la mezcla en la fuente y coloca con cuidado el hojaldre encima. Sirve el pastel con un poco de tomillo esparcido por encima.

preparación + cocción
45 min para 6 personas

¡GANA TIEMPO! El relleno se puede preparar el día de antes y refrigerar hasta su empleo.

POLLO A LA HARISSA
CON CUSCÚS Y NARANJA

---

1 pollo entero (1,4 kg aprox.)
2 dientes de ajo chafados
2 cdas. de zumo de limón
2 cdtas. de pimentón dulce
1 cda. de salsa harissa (ver consejo)
2 cdas. de aceite de oliva
   virgen extra
aceite de oliva en spray
200 g de cuscús
250 ml de agua hirviendo
15 g de hojas de cilantro
2 naranjas medianas (480 g)
   peladas y en rodajas finas
para servir: yogur griego y sal
   marina en escamas

1 Coloca el pollo, con la pechuga hacia abajo, sobre una tabla de cortar. Con unas tijeras, corta a ambos lados de la columna vertebral y retírala. Abre el pollo, dale la vuelta y aplástalo con la palma de la mano para aplanarlo.

2 Mezcla el ajo con el zumo de limón, el pimentón, la harissa y el aceite en un bol grande. Añade el pollo y remuévelo para que se impregne bien. Cúbrelo y refrigéralo 2 horas como mínimo o toda la noche.

3 Precalienta una freidora de aire de 7 litros a 180 °C durante 5 minutos.

4 Rocía la cesta de la freidora con aceite. Con cuidado, introduce el pollo, con la piel hacia arriba, en su interior y cúbrelo con papel de aluminio sin tensarlo; cocínalo a 180 °C durante 20 minutos.

5 Retira el papel de aluminio y cocínalo otros 20 minutos, hasta que al introducir una brocheta en la parte más gruesa del muslo los jugos salgan transparentes. Pásalo a una fuente, cúbrelo con papel de aluminio y déjalo reposar 10 minutos.

6 Mientras, mezcla el cuscús con el agua hirviendo en un bol refractario. Cúbrelo y déjalo reposar 5 minutos o hasta que absorba el líquido. Espónjalo con un tenedor. Añade el cilantro y sazónalo al gusto.

7 Sirve el pollo con el cuscús, la naranja y el yogur y rocíalo con los jugos de cocción de la cesta. Esparce un poco de sal marina.

CONSEJO La salsa harissa es bastante picante; añádela según tus gustos.

**preparación + cocción
1 hora (+ enfriar y reposo)
para 4 personas**

PUNTO DE COCCIÓN DE LA CARNE

Introduce un termómetro para carne en la parte más gruesa de la pieza y elige cómo la prefieres:

poco hecha 50-55 °C

al punto 55-60 °C

al punto más 60-65 °C

hecha 65-70 °C

muy hecha 70 °C

ROSBIF CON HIERBAS AROMÁTICAS
Y SALSA DE CHAMPIÑONES

1 rosbif sin hueso (lomo
o solomillo con la capa de grasa)
de 1,2 kg aprox.
1 cda. de aceite de oliva
80 g de panko (pan rallado)
20 g de parmesano rallado fino
2 cdas. de perejil picado
1 cda. de estragón picado
3 cdas. de cebollino picado
3 dientes de ajo chafados
70 g de mostaza a la antigua
1 cdta. de pimentón ahumado
aceite de oliva en spray
150 g de champiñón portobello
cortado por la mitad (o en cuartos
si son grandes)
150 g de champiñón común cortado
por la mitad (o en cuartos
si son grandes)
180 ml de nata espesa
para servir: patatas asadas

1 Precalienta una freidora de aire de 7 litros a 200 °C durante 5 minutos.
2 Unta la carne con 2 cucharaditas del aceite y sazónala.
3 Introduce la carne en la cesta de la freidora; cocínala a 200 °C durante 15 minutos, dándole la vuelta a mitad de la cocción, hasta que se dore.
4 Mientras, en un bol, mezcla el pan rallado con el parmesano, el perejil, el estragón, la mitad del cebollino y del ajo; sálalo. Pasa la carne a un plato y sécala con papel de cocina. Trabajando deprisa, extiende 2 cucharadas de mostaza por la parte superior y los lados de la carne, espolvoréala con pimentón y presiónala con firmeza sobre la mezcla de pan rallado. Rocía el pan rallado con abundante aceite.
5 Vuelve a introducir la carne en la cesta y cúbrela con papel de aluminio, tensándolo. Ajusta la temperatura a 180 °C y cocínala 30 minutos. Retira el papel de aluminio.

6 Unta los champiñones con el aceite restante y añádelos; cocínalos a 180 °C, sin el papel de aluminio, 10 minutos más o hasta que la carne esté a tu gusto (ver Punto de cocción de la carne, izda.) y los champiñones se doren. Pasa la carne a una fuente, cúbrela con papel de aluminio sin tensarlo y déjala reposar 15 minutos.
7 Para preparar la salsa de champiñones, calienta la nata con el resto del ajo y la mostaza en una cazuela a fuego medio. Añade los champiñones y los jugos de cocción de la cesta y llévala a ebullición. Baja el fuego y cuécela, removiéndola de vez en cuando, 5 minutos o hasta que espese. Echa el cebollino restante y sazona.
8 Corta la carne en filetes finos y sírvelos con la salsa de champiñones y las patatas asadas.

MATCH SEGURO
Patatas asadas,
4 tipos, p. 145.

preparación + cocción
1 hora 20 min
para 6 personas

141

COSTILLAS DE CORDERO TIKKA
CON KOSHIMBIR DE ZANAHORIA

80 g de salsa tikka masala
   (salsa de especias)
1 cda. de zumo de limón
140 g de yogur griego
12 costillas de cordero a la francesa
   (600 g)
aceite de oliva en spray
para servir: arroz basmati cocido
   y pan naan caliente

KOSHIMBIR DE ZANAHORIA
2 zanahorias medianas (240 g)
   ralladas gruesas
25 g de coco rallado
10 g de hojas de cilantro
1 guindilla verde larga
   en rodajas finas
2 cdas. de zumo de limón

1 En un bol, mezcla la salsa de especias con el zumo de limón y la mitad del yogur. Añade las costillas y remuévelas para que se impregnen bien. Refrigéralas 1 hora.

2 Precalienta una freidora de aire de 7 litros a 200 °C durante 3 minutos.

3 Para preparar el koshimbir de zanahoria, mezcla en un bol la zanahoria con el coco, la mitad del cilantro, la guindilla y el zumo de limón. Sazónalo.

4 Con cuidado, forra la cesta de la freidora con un tapete de silicona, si tienes (p. 11). Rocía las costillas por ambos lados con abundante aceite e introdúcelas en la cesta; cocínalas a 200 °C durante 8 minutos, dándoles la vuelta a mitad de la cocción, si las quieres al punto más o hasta que estén a tu gusto.

5 Mientras, pica fino el cilantro restante (del koshimbir de zanahoria) y mézclalo con el resto del yogur.

6 Sirve las costillas con arroz cocido, el naan caliente, el koshimbir de zanahoria y el yogur de cilantro.

**preparación + cocción
20 min (+ enfriar)
para 4 personas**

PATATAS
A LA
GRIEGA

PATATAS CON
MOSTAZA Y MENTA

4
TIPOS

PATATAS
PIRI-PIRI

PATATAS
CON FETA,
ENELDO
Y BEICON

PATATAS A LA GRIEGA

Precalienta una freidora de aire de 7 litros a 200 °C durante 3 minutos. Corta 1 kg de patatas baby en cuartos a lo largo. Ponlas en un bol con 2 cucharadas de aceite de oliva, 2 cucharaditas de orégano, 2 cucharadas de romero picado y 4 dientes de ajo chafados. Sálalas. Introdúcelas en la cesta y cocínalas a 200 °C durante 20 minutos, dándoles la vuelta a mitad de la cocción. Sírvelas con 2 cucharadas de zumo de limón.

PATATAS CON MOSTAZA Y MENTA

Precalienta una freidora de aire de 7 litros a 200 °C durante 3 minutos. Corta 1 kg de patatas baby sin pelar por la mitad a lo largo. Ponlas en un bol con 2 cucharadas de aceite de oliva, sazónalas y remuévelas. Introdúcelas en la cesta y cocínalas a 200 °C durante 20 minutos, dándoles la vuelta a mitad de la cocción, hasta que se doren. Mezcla 1 cucharadita de mostaza de Dijon con 1 cucharadita de mostaza a la antigua, 2 cucharadas de menta picada, 1 cucharada de aceite de oliva y 3 cucharaditas de vinagre de vino blanco en un bol. Añade las patatas y remuévelas. Sírvelas con menta.

preparación + cocción
30 min para 6 personas

PATATAS ASADAS

PATATAS PIRI-PIRI

Precalienta una freidora de aire de 7 litros a 200 °C durante 3 minutos. Corta 1 kg de patatas baby por la mitad a lo ancho. Ponlas en un bol con 2 cucharadas de aceite de oliva, 25 g de salsa piri-piri y 3 dientes de ajo chafados. Sazónalas y remuévelas. Introdúcelas en la cesta y cocínalas a 200 °C durante 20 minutos, dándoles la vuelta a mitad de la cocción, hasta que se doren. Rocíalas con un poco más de salsa piri-piri, si te apetece.

PATATAS CON FETA, ENELDO Y BEICON

Precalienta una freidora de aire de 7 litros a 200 °C durante 3 minutos. Corta 1 kg de patatas baby en cuartos. Ponlas en un bol con 2 cucharadas de aceite de oliva, sazónalas y remuévelas. Introdúcelas en la cesta y cocínalas a 200 °C durante 20 minutos, dándoles la vuelta a mitad de la cocción, hasta que se doren. Añade 150 g de lonchas de beicon picadas a la cesta los últimos 7 minutos de la cocción. Mientras, mezcla 30 g de queso feta desmenuzado con 1 cucharada de eneldo picado, 2 cucharadas de mayonesa y 65 g de crema agria en un bol. Añade las patatas y remuévelas para que se impregnen. Esparce el beicon crujiente y unas ramitas de eneldo.

BOCADILLO DE ALBÓNDIGAS CON PARMESANO

1 berenjena mediana (400 g) pelada
  y en trozos de 4 cm
aceite de oliva en spray
400 g de garbanzos en conserva
  escurridos y lavados
1 cebolla morada pequeña (100 g)
  picada fina
2 dientes de ajo chafados
1 cda. de hojas de romero
  picadas finas
140 g de parmesano rallado fino
150 g de pan rallado
6 panecillos largos (300 g)
260 g de salsa de tomate para
  pasta caliente
40 g de hojas de rúcula baby
2 cdtas. de vinagre balsámico

1 Precalienta una freidora de aire de 5,3 litros a 200 °C durante 3 minutos. Forra una bandeja de horno con papel vegetal.
2 Con cuidado, introduce la berenjena en la cesta de la freidora y rocíala con aceite; cocínala a 200 °C durante 15 minutos hasta que se dore y esté blanda.
3 Tritura la berenjena en un robot de cocina con los garbanzos, la cebolla, el ajo, el romero y 80 g de parmesano. Sazónalo. Añade 100 g de pan rallado y tritúralo de nuevo. Forma 24 albóndigas, pásalas por el pan rallado restante y rocíalas con abundante aceite.
4 Introduce las albóndigas en la cesta; cocínalas a 200 °C durante 20 minutos, dándoles la vuelta a mitad de la cocción, o hasta que se doren y estén bien calientes.

5 Corta los panecillos a lo largo sin partirlos del todo y unta ambas mitades con la salsa para pasta. Rellena cada uno con cuatro albóndigas. Introdúcelos en la cesta y cocínalos a 200 °C durante 5 minutos.
6 Mientras, mezcla la rúcula con el vinagre en un bol.
7 Para servir, esparce el parmesano restante por encima de los bocadillos y acompáñalos con las hojas de rúcula.

**preparación + cocción
1 hora para 6 personas**

ESCALOPES CON LIMÓN Y HIERBAS AROMÁTICAS

75 g de harina común

2 huevos

80 ml de leche

2 dientes de ajo chafados

150 g de pan rallado (hecho con pan del día anterior)

25 g de parmesano rallado fino

3 cdas. de cebollino picado

1 cda. de tomillo limón picado fino

2 cdtas. de ralladura fina de limón

500 g de filetes de cerdo finos (de la pierna)

aceite de oliva en spray

para servir: un poco más de tomillo limón, sal marina en escamas, alioli, patatas fritas (pp. 116-117 o congeladas) y cuñas de limón

1 Pon la harina en un bol. Bate ligeramente los huevos con la leche y el ajo en un segundo bol. Mezcla el pan rallado con el parmesano, el cebollino, el tomillo y la ralladura de limón en un tercero. Pasa los filetes primero por la harina, retirando el exceso, después por el huevo y para terminar por la mezcla de pan rallado. Colócalos en una bandeja. Refrigéralos 30 minutos.

2 Precalienta una freidora de aire de 7 litros a 180 °C durante 3 minutos.

3 Rocía los escalopes por ambos lados con abundante aceite. Con cuidado, introduce la mitad en la cesta de la freidora; cocínalos a 180 °C durante 10 minutos, dándoles la vuelta a mitad de la cocción, hasta que se doren y estén bien hechos.

Pásalos a un plato y cúbrelos con papel de aluminio sin tensarlo para mantenerlos calientes. Repite la operación con el resto de los escalopes.

4 Esparce un poco más de tomillo y sal marina por encima y sírvelos con alioli, patatas fritas y cuñas de limón.

MATCH SEGURO
Ensalada de kale, pera, cheddar ahumado y almendras, p. 98.

**preparación + cocción
40 min (+ enfriar)
para 4 personas**

LAS MEJORES COSTILLAS DE CERDO

2 kg de costilla de cerdo entera
   (costillares estilo americano)
aceite de oliva en spray
280 g de salsa barbacoa
220 g de col lombarda rallada
180 g de zanahoria en juliana
1 manzana verde mediana (150 g)
   sin pelar, descorazonada y en
   rodajas finas
125 ml de mayonesa
2 cebolletas, solo la parte verde,
   en tiras muy finas a lo largo
   (ver consejo)

MARINADA
80 ml de vinagre de sidra
   de manzana
2 cdas. de salsa Worcestershire
2 cdas. de miel
2 dientes de ajo chafados
1 cda. de aceite de oliva virgen extra

ADOBO SECO
1 cda. de pimentón ahumado
¼ de cdta. de cayena
1 cdta. de copos de guindilla
1½ cdtas. de cebolla en polvo
1½ cdtas. de ajo en polvo
2 cdas. de azúcar moreno

1 Con un cuchillo pequeño y afilado, retira la membrana de la parte posterior de los costillares (o pídele al carnicero que lo haga). Ponlos en una olla y cúbrelos con agua. Llévalos a ebullición a fuego medio. Baja el fuego y cuécelos 45 minutos o hasta que estén casi tiernos.
2 Mientras, mezcla los ingredientes de la marinada en un bol grande y los ingredientes del adobo en uno pequeño. Escurre los costillares y déjalos en la marinada, dándoles la vuelta para que se impregnen bien. Sácalos y esparce el adobo por encima. Con las manos, frótalos y rocíalos con aceite.
3 Precalienta una freidora de aire de 5,3 litros a 180 °C durante 3 minutos.
4 Introduce los costillares en la cesta de pie, apoyándolos contra los lados de esta y entre sí. Ajusta la temperatura a 160 °C y cocínalos 20 minutos.

5 Unta los costillares con tres cuartas partes de la salsa barbacoa y cocínalos a 160 °C durante 10 minutos hasta que se glaseen.
6 Mezcla la col con la zanahoria, la manzana y la mayonesa. Añade la cebolleta.
7 Corta los costillares en trozos y úntalos con el resto de la salsa barbacoa. Sírvelos con la col.

¡GANA TIEMPO! Los costillares se pueden preparar hasta el final del paso 2 el día de antes y refrigerar. Puede que necesites añadir 5 minutos más al tiempo de cocción.

CONSEJO Para hacer rizos de cebolleta, ponlos en un bol con agua helada de 5 a 7 minutos y escúrrelos antes de usarlos.

preparación + cocción
1½ horas
para 4 personas

HASH BROWNS DE MAÍZ Y BONIATO
CON SALCHICHAS

---

750 g de boniato picado
aceite en spray
2 mazorcas de maíz limpias (500 g)
2 cebolletas picadas finas
4 salchichas de cerdo (500 g)
90 g de harina de arroz
2 huevos
135 g de coco rallado
para servir: hojas de espinacas baby
   y chutney de tomate

1 Introduce el boniato en la cesta de una freidora de aire de 5,3 litros y rocíalo con aceite; cocínalo a 180 °C durante 20 minutos, dándole la vuelta a mitad de la cocción.
2 Añade el maíz y cocínalo a 180 °C durante 5 minutos.
3 Pasa el boniato a un bol y cháfalo. Con un cuchillo afilado, saca los granos de las mazorcas. Añádelos al puré de boniato junto con la cebolleta. Sazónalo y remuévelo bien.
4 Introduce las salchichas en la cesta y cocínalas a 180 °C durante 15 minutos hasta que se doren.
5 Mientras, para preparar las hash browns, forma hamburguesas con la mezcla de boniato y colócalas en una bandeja forrada con papel vegetal. Pon la harina de arroz en un bol. Bate ligeramente los huevos en un segundo bol. Pon el coco rallado en un tercero. Pasa las hamburguesas primero por la harina, retirando el exceso, después por el huevo y para terminar por la mezcla de coco. Vuélvelas a poner en la bandeja forrada. Congélalas 10 minutos para fijar el rebozado. (Si no las vas a cocinar ya, refrigéralas.)
6 Pasa las salchichas a un plato y cúbrelas para mantenerlas calientes. Rocía las hamburguesas con aceite por ambos lados e introdúcelas en la cesta. Ajusta la temperatura a 160 °C y cocínalas 10 minutos, dándoles la vuelta a mitad de la cocción.
7 Sirve las hash browns con las salchichas, las espinacas y el chutney.

CONSEJO Para una opción sin gluten, compra las salchichas y el chutney sin gluten.

preparación + cocción 1¼ horas (+ enfriar) para 4 personas

PAN HOJALDRADO
DE BEICON Y QUESO

**preparación + cocción 30 min
(+ reposo) para 8 personas**

Divide 1 ración de Masa básica (p. siguiente) en
ocho porciones y haz una bola con cada una.
Coloca las bolas, separadas 2 cm entre sí, en un
molde redondo engrasado de 23 cm y cúbrelas
con film transparente. Déjalas reposar en un lugar
cálido 20 minutos o hasta que dupliquen su tamaño.
Precalienta una freidora de aire de 7 litros a
200 °C durante 5 minutos. Con cuidado, introduce
el molde en la cesta. Ajusta la temperatura a
170 °C y cocina el pan 15 minutos. Úntalo con 25 g
de mantequilla derretida y esparce 50 g de cheddar
rallado y 4 lonchas de beicon picadas finas por
encima. Cocínalo 8 minutos más, hasta que se dore
y esté hecho.

TRENZA DE AJO Y PARMESANO

**preparación + cocción 40 min (+ reposo)
para 6 personas**

Mezcla 1 cucharada de aceite de oliva con 25 g
de mantequilla derretida, 3 dientes de ajo chafados
y 2 cucharadas de cebollino picado. Divide 1 ración
de Masa básica (p. siguiente) en tres porciones y
estíralas en tiras de 30 cm de largo. Colócalas, unas
al lado de las otras, en un cuadrado de papel vegetal
de 25 cm; pellízcales un extremo para unirlas.
Úntalas con tres cuartas partes de la mezcla de
mantequilla y esparce 2 cucharadas de parmesano.
Trénzalas sin tensarlas y aprieta los extremos.
Cúbrelas con un paño de cocina. Déjalas reposar
en un lugar cálido 20 minutos o hasta que dupliquen
su tamaño. Precalienta una freidora de aire de 7 litros
a 200 °C durante 5 minutos. Ayudándote del papel
vegetal, introduce la trenza en diagonal en la cesta.
Úntala con la mitad de la mezcla de mantequilla
restante. Ajusta la temperatura a 170 °C y cocínala
18 minutos. Úntala con el resto de la mezcla de
mantequilla, esparce 2 cucharadas de parmesano
y cocínala 5 minutos hasta que se dore y esté hecha.

FOCACCIA DE TOMATE
Y PESTO

**preparación + cocción 40 min (+ reposo)
para 6 personas**

Precalienta una freidora de aire de 7 litros a 200 °C
durante 5 minutos. Estira 1 ración de Masa básica
(p. siguiente) en un círculo de 23 cm y colócalo sobre
papel vegetal. Con la punta de los dedos, presiónalo.
Recorta el papel para que sea 2 cm más grande.
Ayudándote del papel, introduce la masa en la cesta.
Ajusta la temperatura a 170 °C y cocínala 15 minutos.
Mezcla 1 cucharada de aceite de oliva con 2 de pesto
de tomates secos en un bol. Extiende la mezcla sobre
la focaccia y esparce 2 dientes de ajo en láminas
y 1 cucharadita de sal marina en escamas. Cocínala
7 minutos hasta que se dore. Sírvela con albahaca.

PANECILLOS DE SEMILLAS

**preparación + cocción 30 min (+ reposo)
para 8 personas**

Mezcla 35 g de semillas de calabaza y girasol con
2 cucharadas de piñones, 1 de semillas de lino y 1 de
sésamo. Amasa la mitad de la mezcla con 1 ración
de Masa básica (p. siguiente). Divide la masa en ocho
porciones y haz una bola con cada una. Colócalas
en una bandeja forrada con papel vegetal y cúbrelas
con un paño de cocina. Déjalas reposar en un lugar
cálido 20 minutos o hasta que dupliquen su tamaño.
Precalienta una freidora de aire de 7 litros a 200 °C
durante 5 minutos. Forra la cesta con papel vegetal.
Introduce las bolas, separadas 2 cm entre sí. Haz
tres cortes en cada panecillo. Úntalos con 1 huevo
ligeramente batido y esparce la mezcla de semillas
restante. Ajusta la temperatura a 170 °C y cocínalos
15 minutos hasta que se doren y estén hechos.

MASA BÁSICA

Mezcla 600 g de harina de fuerza con 2 cucharaditas de levadura en un bol. Añade 330 ml de agua templada y mézclalo hasta que ligue. Trabaja la masa sobre una superficie ligeramente enharinada 10 minutos (o 6 en una amasadora equipada con el gancho) o hasta que esté fina y elástica. Pásala a un bol y cúbrela con film transparente. Déjala reposar en un lugar cálido 30 minutos o hasta que duplique su tamaño. Con el puño, golpéala para quitarle el aire. Amásala de nuevo sobre una superficie ligeramente enharinada 2 minutos o hasta que esté fina. Continúa con una de las recetas de la izquierda.

4 TIPOS

PAN

HOJALDRADO DE BEICON Y QUESO

FOCACCIA DE TOMATE Y PESTO

TRENZA DE AJO Y PARMESANO

PANECILLOS DE SEMILLAS

SALMÓN JAPONÉS
CON SALSA DE MISO

---

2 cdas. de mirin
2 cdas. de sake para cocinar
2 cdas. de salsa de soja
800 g de lomos de salmón sin piel
   y sin espinas
8 cebolletas limpias
2 cdtas. de semillas de sésamo
   tostadas

SALSA DE MISO
2 cdas. de miso blanco (shiro)
2 cdas. de vinagre de arroz
1½ cdas. de miel
1½ cdas. de salsa de soja

1 Para preparar la marinada de yakitori, mezcla el mirin con el sake y la salsa de soja en un bol.
2 Para preparar la salsa de miso, mezcla todos los ingredientes en una batidora hasta obtener una mezcla fina.
3 Precalienta una freidora de aire de 5,3 litros a 160 °C durante 3 minutos.
4 Corta el salmón en trozos de 2 cm y ensártalos en seis brochetas de metal o de bambú. Úntalas por todas partes con la marinada.
5 Con cuidado, forra la cesta de la freidora con papel vegetal. Introduce las cebolletas en la cesta y cocínalas a 160 °C durante 5 minutos hasta que estén tiernas. Pásalas a una fuente y cúbrelas para mantenerlas calientes.

6 Introduce la mitad de las brochetas en la cesta y cocínalas a 160 °C durante 5 minutos o hasta que estén a tu gusto. Pásalas a una fuente y cúbrelas para mantenerlas calientes. Repite la operación con el resto de las brochetas.
7 Rocía el salmón y las cebolletas con la salsa de miso y sírvelos con las semillas de sésamo esparcidas por encima.

SUGERENCIA
Acompáñalo con arroz integral con quinoa para microondas y rodajas de lima.

preparación + cocción
35 min para 6 unidades

VARIANTE La marinada de yakitori y la salsa de miso están deliciosas también con gambas. En este caso, cuécelas 5 minutos.

CERDO CON SALSA HOISIN

Y ARROZ CON CACAHUETES

190 g de salsa hoisin

80 ml de salsa de soja baja en sal

2 cdas. de vino de arroz Shaoxing

2 cdas. de miel

55 g de azúcar moreno

4 dientes de ajo chafados

½ cdta. de polvo de cinco especias

4 filetes de paletilla de cerdo
   de 150 g cada uno

450 g de arroz basmati para
   microondas

70 g de cacahuetes tostados
   sin sal picados gruesos

2 cebolletas en rodajas finas

4 pepinos baby (240 g) en rodajas
   finas a lo largo

para servir: un poco más
   de salsa hoisin

1 Mezcla la salsa hoisin con la salsa de soja, el vino de arroz, la miel, el azúcar, el ajo y el polvo de cinco especias en un plato. Añade la carne y remuévela para que se impregne bien. Cúbrela. Refrigérala unas 2 horas como mínimo o toda la noche.

2 Forra la base de una bandeja apta para una freidora de aire de 7 litros con papel de aluminio. Precaliéntala a 180 °C durante 3 minutos.

3 Con cuidado, introduce la carne en la cesta y reserva la marinada. Cocínala a 180 °C durante 15 minutos, dándole la vuelta y untándola con la marinada reservada a mitad de la cocción.

4 Ajusta la temperatura a 200 °C y cocínala otros 5 minutos, rociándolo con la marinada reservada, o hasta que esté chamuscada y bien hecha. Pásala a una fuente, cúbrela con papel de aluminio y déjala reposar 5 minutos.

5 Mientras, calienta el arroz siguiendo las indicaciones del paquete. Pásalo a un bol refractario y añade los cacahuetes y la mitad de la cebolleta.

6 Corta la carne en filetes y sírvelos con el arroz, el pepino y el resto de la cebolleta. Rocíalos con los jugos de cocción de la cesta de la freidora y un poco más de salsa hoisin.

**preparación + cocción
35 min (+ enfriar)
para 4 personas**

PIERNA DE CORDERO RELLENA
CON ALBARICOQUES Y PISTACHOS

---

80 g de albaricoques secos
   picados finos
60 ml de zumo de naranja
30 g de mantequilla en dados
1 cebolla mediana (150 g)
   picada fina
100 g de pan rallado grueso
   de masa madre (hecho con
   pan del día anterior)
30 g de pistachos tostados
   picados finos
2 cdas. de salvia picada fina
1,2 kg de pierna de cordero
   deshuesada
1 cda. de aceite de oliva
1 cabeza de ajos cortada por
   la mitad
250 ml de salsa gravy caliente
para servir: patatas asadas
   (ver consejo) y bimi

1 Mezcla los albaricoques con el zumo de naranja en un bol y déjalos macerar 20 minutos.

2 Mientras, derrite la mantequilla en una sartén a fuego medio. Añade la cebolla y sofríela 5 minutos o hasta que esté blanda. Incorpora el pan rallado y sofríela 1 minuto o hasta que el pan rallado se dore. Retírala del fuego y echa los pistachos, la salvia y la mezcla de albaricoques.

3 Precalienta una freidora de aire de 7 litros a 200 °C durante 5 minutos.

4 Desata y desenrolla la carne. Colócala, con la piel hacia abajo, sobre una tabla de cortar. Con un cuchillo afilado, hazle tres cortes de 1 cm de profundidad a lo largo. Introduce el relleno de pistachos y enróllala. Átala con hilo de cocina, dejando 2,5 cm entre cada vuelta. Frótala bien con aceite y sazónala.

5 Introdúcela con el ajo en la cesta. Ajusta la temperatura a 170 °C y cocínala 25 minutos. Dale la vuelta y cúbrela con papel de aluminio; cocínala otros 25 minutos si la quieres al punto más o hasta que esté a tu gusto.

6 Pasa la carne y el ajo a una fuente; cúbrelos con papel de aluminio sin tensarlo y déjalos reposar 10 minutos.

7 Corta la carne y sírvela con el ajo, la salsa, las patatas asadas y el bimi.

CONSEJO Para asar las patatas, cocina 1 kg de patatas alargadas cortadas por la mitad y untadas con aceite de oliva a 200 °C durante 20 minutos, dándoles la vuelta a mitad de la cocción, hasta que se doren y estén blandas. Sírvelas con sal marina en escamas.

preparación + cocción
1 hora 15 min
para 6 personas

CONSEJO Aunque se suele tomar para desayunar, este plato magrebí es perfecto para el medio día.

SHAKSHUKA
CON ALUBIAS

---

2 cdas. de tallos de cilantro
    picados finos
2 cebolletas picadas finas
½ cdta. de comino molido
½ cdta. de pimentón ahumado
2 cdtas. de aceite de oliva
    virgen extra
400 g de salsa arrabbiata para pasta
400 g de alubias blancas en
    conserva escurridas y lavadas
1 pimiento rojo asado (60 g)
    en rodajas
4 huevos a temperatura ambiente
1 aguacate mediano (250 g)
    en dados
para servir: hojas de lollo rosso
    y pan de pita partido asado
    a la parrilla

1 Unta con aceite una fuente de horno de 750 ml y 20 cm de diámetro, asegurándote de que quepa en una freidora de aire de 5,3 litros. (Si lo prefieres, puedes utilizar dos ramequines grandes.)
2 Pon los tallos de cilantro, la cebolleta, las especias y el aceite en la fuente e introdúcela en la cesta de la freidora; cocínalo a 180 °C durante 3 minutos hasta que desprenda su aroma.
3 Con cuidado, añade la salsa para pasta, las alubias y la pimienta. Remuévelo bien. Cúbrelo con papel de aluminio y cocínalo a 180 °C otros 10 minutos hasta que se caliente.

4 Haz cuatro huecos en la mezcla y casca un huevo en cada uno. Sazónalos con sal y pimienta negra recién molida y cocínalos a 180 °C durante 8 minutos hasta que estén cuajados o cocidos a tu gusto.
5 Cubre la shakshuka con el aguacate y las hojas de ensalada. Sírvela con el pan de pita.

**preparación + cocción
25 min para 2 personas**

PANCETA DE CERDO CRUJIENTE

CON ENSALADA ASIÁTICA

1 kg de panceta de cerdo
    deshuesada, con cortes
    en la corteza (ver consejo)
1 cda. de sal en escamas
½ cdta. de polvo de cinco especias
aceite de oliva en spray
1 pepino (130 g) en rodajas finas
    a lo largo
1 cebolla morada pequeña (100 g)
    en rodajas finas
¼ de col blanca china mediana
    (col pe-tsai) (250 g) rallada
30 g de hojas de albahaca tailandesa
30 g de hojas de cilantro
60 g de espinacas baby
2 guindillas rojas largas sin semillas
    y en rodajas finas
1 cebolleta en rodajas finas
1 lima (65 g) en cuñas

SALSA DE JENGIBRE
1 tallo de citronela picado fino
1 cda. de jengibre fresco rallado fino
1½ cdas. de salsa de soja
1½ cdas. de zumo de lima
1 cda. de aceite de sésamo
1 cda. de vinagre de arroz
1 cda. de azúcar extrafino

1 Precalienta una freidora de aire de 5,3 litros a 180 °C durante 3 minutos.
2 Seca la panceta con papel de cocina. Mezcla la mitad de la sal con el polvo de cinco especias y frota la corteza de la panceta con la mezcla.
3 Con cuidado, introduce la panceta en la cesta de la freidora y rocíala con aceite. Ajusta la temperatura a 200 °C y cocínala 25 minutos hasta que chisporrotee.
4 Ajusta la temperatura a 160 °C y cocínala otros 30 minutos, hasta que la panceta esté tierna o alcance una temperatura interna de 70-75 °C en un termómetro para carne. (Cúbrela con papel de aluminio si ves que se dora demasiado.)
5 Mientras, para preparar la salsa de jengibre, bate todos los ingredientes en un bol.

6 En una fuente, reparte el pepino, la cebolla morada, la col blanca china, las hierbas aromáticas, las espinacas y la guindilla.
7 Corta la panceta en lonchas gruesas y colócalas encima de la ensalada. Esparce la cebolleta y el resto de la sal marina y rocíalo todo con la salsa. Sírvelo con las cuñas de lima.

CONSEJO Lo mejor para realizar unos cortes en la corteza de la panceta es un cuchillo muy afilado, tipo Stanley (también puedes pedirle al carnicero que lo haga). En cuanto llegues a casa, ponla en una bandeja, sin cubrirla, y refrigérala un máximo de 2 días para que la corteza se seque y esté más crujiente.

**preparación + cocción
1¼ horas
para 4 personas**

POLLO AL CURRY VERDE
CON RÁBANO ENCURTIDO

---

2 cdas. de pasta de curry verde
  tailandés
1 cda. de aceite de oliva virgen extra
1 cda. de salsa de pescado
1 cda. de zumo de lima
1 cda. de azúcar moreno
4 contramuslos de pollo (800 g)
  con piel
para servir: arroz basmati para
  microondas y cebolleta picada fina

RÁBANO ENCURTIDO
60 ml de vinagre de arroz
1 cdta. de azúcar moreno
½ cdta. de sal marina en escamas
6 rábanos (220 g) limpios y en
  rodajas finas (ver consejo)

1 Para preparar el rábano encurtido, mezcla el vinagre con el azúcar y la sal en escamas en un bol. Añade 60 ml de agua fría y remuévelo. Añade los rábanos y mézclalos bien. Resérvalos hasta que los necesites.
2 Precalienta una freidora de aire de 7 litros a 180 °C durante 3 minutos.
3 En un bol, mezcla la pasta de curry con el aceite, la salsa de pescado, el zumo de lima y el azúcar. Añade el pollo y remuévelo para que se impregne bien.
4 Con cuidado, introduce el pollo, con la piel hacia abajo, en la cesta de la freidora; cocínalo a 180 °C durante 20 minutos, dándole la vuelta a los 8 minutos, o hasta que se dore y esté bien hecho. (Saldrá un poco de humo los 5-7 primeros minutos de la cocción, pero parará enseguida.)
5 Sirve el pollo sobre el arroz cocido, con la cebolleta picada y el rábano encurtido escurrido esparcidos por encima.

CONSEJO Para el rábano encurtido, utilizamos una mezcla de rábanos rojos y sandía.

preparación + cocción
35 min para 4 personas

POLLO A LA PARMESANA

3 pechugas de pollo deshuesadas
   y sin piel (600 g)
75 g de harina común
2 huevos
1 diente de ajo chafado
110 g de panko (pan rallado)
1 cdta. de pimentón dulce
2 cdtas. de ralladura fina de limón
1 cda. de perejil picado fino
aceite en spray
280 g de salsa de tomate para pasta
160 g de mozzarella en rodajas
20 g de parmesano rallado fino
para servir: rúcula baby, tomates en
   rama asados (ver consejo) y cuñas
   de limón

1 Corta las pechugas de pollo por la mitad a lo ancho para obtener seis trozos. Ponlos entre dos hojas de film transparente y aplástalos con suavidad con un rodillo hasta que tengan un grosor uniforme.
2 Pon la harina en un bol y sazónala. Bate ligeramente los huevos con el ajo y 1 cucharada de agua en un segundo bol. Pon el pan rallado, el pimentón, la ralladura de limón y el perejil en un tercero. Pasa el pollo primero por la harina, retirando el exceso, después por el huevo y para terminar por la mezcla de pan rallado. Rocíalo por ambos lados con abundante aceite.
3 Precalienta una freidora de aire de 5,3 litros a 180 °C durante 3 minutos.
4 Con cuidado, introduce tres escalopes de pollo en la cesta; cocínalos a 180 °C durante 12 minutos hasta que se doren y estén bien hechos. Pásalos a una bandeja y cúbrelos para mantenerlos calientes. Repite la operación con el resto de los escalopes.
5 Vuelve a introducir tres escalopes en la cesta. Cubre cada uno con 2 cucharadas de salsa para pasta, esparce la mitad de la mozzarella y el parmesano por encima y cocínalos a 180 °C durante 8 minutos, hasta que el queso se funda y burbujee. Repite la operación con el resto de los escalopes, la salsa para pasta, la mozzarella y el parmesano.
6 Sirve el pollo con la rúcula baby, los tomates asados y las cuñas de limón.

preparación + cocción
1 hora para 6 unidades

TRUCO Para asar los tomates, añádelos en el paso 5, por los laterales, y cocínalos 6 minutos.

CASSOULET DE SALCHICHAS

---

500 g de salchichas frescas de cerdo
aceite de oliva en spray
1 cda. de aceite de oliva virgen extra
1 cebolla mediana (150 g)
    picada fina
2 lonchas de beicon (160 g)
    en tiras finas
2 dientes de ajo chafados
1 pimiento rojo mediano (200 g)
    picado grueso
1 calabacín mediano (120 g)
    picado grueso
250 g de tomates cherry pera
125 ml de vino tinto
390 g de salsa de tomate para pasta
3 ramitas de tomillo
400 g de alubias blancas en
    conserva escurridas y lavadas
105 g de pan rallado grueso
    de masa madre (hecho con pan
    del día anterior)
25 g de gruyer rallado
20 g de perejil picado
para servir: sal marina en escamas

1 Precalienta una freidora de aire de 7 litros a 200 °C durante 3 minutos.

2 Rocía las salchichas con aceite. Con cuidado, introdúcelas en la cesta de la freidora; cocínalas a 200 °C durante 8 minutos, dándoles la vuelta a mitad de la cocción, o hasta que se doren.

3 Mientras, calienta el aceite en una sartén a fuego medio-alto y sofríe la cebolla y el beicon, removiéndolos, 5 minutos o hasta que la cebolla esté blanda y el beicon crujiente. Añade el ajo, el pimiento y el calabacín y sofríelo todo, removiéndolo, otros 4 minutos o hasta que las verduras se doren ligeramente. Agrega los tomates y el vino y llévalo a ebullición. Incorpora la salsa para pasta y el tomillo y llévalo de nuevo a ebullición.

4 Pasa las salchichas a una tabla de cortar, pícalas gruesas y añádelas a la mezcla. Pásala a una fuente de horno de 20 cm de diámetro.

5 Con cuidado, limpia la cesta de la freidora e introduce la fuente en su interior. Ajusta la temperatura a 180 °C y cocina la cassoulet 8 minutos.

6 Mientras, mezcla el pan rallado con el gruyer y el perejil en un bol.

7 Cubre la cassoulet con la mezcla de pan rallado, rocíala con aceite y presiónala con firmeza. Cocínala a 180 °C durante 5 minutos hasta que se dore.

8 Esparce la sal marina por encima y sírvela.

**preparación + cocción
40 min para 4 personas**

POLLO FRITO
SUREÑO

---

1 pollo entero de unos 1,6 kg
   (ver consejo)
250 ml de suero de mantequilla
1 huevo ligeramente batido
185 g de harina común
2 cdtas. de pimentón ahumado
1 cdta. de ajo en polvo
1 cdta. de copos de cebolla
1 cdta. de orégano seco
1 cdta. de sal marina en escamas
1 cdta. de comino molido
½ cdta. de cayena
aceite de oliva en spray
para servir: un poco más de sal
   marina en escamas, mayonesa
   y salsa picante

1 Con un cuchillo afilado, corta el pollo en ocho trozos. Hazles dos cortes profundos en cada uno por la parte más gruesa de la carne hasta llegar al hueso.
2 Mezcla el suero de mantequilla con el huevo en un bol y sazónalo. Añade el pollo y dale la vuelta para que se impregne bien. Cúbrelo y refrigéralo 6 horas o toda la noche.
3 En un bol, mezcla la harina con el pimentón, el ajo en polvo, los copos de cebolla, el orégano, la sal, el comino y la cayena; sazónalo.
4 Toma un trozo de pollo, escurre el exceso de mezcla de suero de mantequilla y pásalo por la mezcla de harina. Repite la operación con el resto de los trozos de pollo y rocíalos por todas partes con abundante aceite.

5 Precalienta una freidora de aire de 7 litros a 200 °C durante 3 minutos.
6 Forra la cesta de la freidora con un tapete de silicona, si tienes (p. 11). Introduce el pollo en la cesta y cocínalo a 200 °C durante 10 minutos.
7 Dale la vuelta. Ajusta la temperatura a 180 °C y cocínalo 10 minutos o hasta que esté crujiente y bien hecho. (Puede que la pechuga se haga un poco más rápido que los contramuslos y las patas.)
8 Esparce un poco más de sal marina por encima y sírvelo con la mayonesa mezclada con un poco de salsa picante.

**preparación + cocción
40 min (+ enfriar)
para 4 personas**

CONSEJO También puedes utilizar un pollo ya troceado con hueso de 1,6 kg (ajusta el tiempo de cocción en función de los trozos).

POSTRES

Las freidoras de aire no solo
sirven para cocinar platos salados,
sino también dulces. Prepara
tus recetas favoritas, desde tartas
y pasteles a pudins, magdalenas,
brownies y galletas... ¡Y hasta
un par de opciones saladas!

TARTA DE CHOCOLATE
CON GLASEADO DE CARAMELO

125 g de mantequilla blanda
1 cdta. de extracto de vainilla
165 g de azúcar extrafino
2 huevos
185 g de harina de repostería
50 g de cacao en polvo sin azúcar
125 ml de leche

GLASEADO DE CARAMELO
50 g de mantequilla en dados
75 g de azúcar moreno
1 cda. de leche
160 g de azúcar glas
2 cdas. de cacao en polvo

1 Precalienta una freidora de aire de 7 litros a 160 °C durante 5 minutos. Unta con aceite una fuente de horno redonda de 20 cm; forra la base y los lados con papel vegetal.

2 Bate la mantequilla con la vainilla, el azúcar, los huevos, la harina y el cacao tamizados y la leche en un bol con una batidora de varillas a velocidad baja hasta que se integren. Aumenta la velocidad a media y bátelo 3 minutos o hasta que la mezcla esté fina y blanquee. Viértela en la fuente. Cúbrela con un trozo de papel de aluminio engrasado.

3 Con cuidado, introduce la fuente en la cesta de la freidora; cocínala a 160 °C durante 1 hora hasta que al introducir una brocheta en el centro salga limpia. Saca la tarta de la cesta. Déjala en la fuente 10 minutos y dale la vuelta sobre una rejilla para que se enfríe.

4 Mientras, para preparar el glaseado de caramelo, mezcla la mantequilla con el azúcar moreno y la leche en un cazo a fuego lento hasta que se disuelva el azúcar. Retíralo del fuego. Tamiza el azúcar glas y el cacao sobre un bol e incorpora poco a poco la mezcla de mantequilla caliente hasta que tenga una consistencia fina. Cúbrelo y refrigéralo 40 minutos o hasta que espese.

5 Bate el glaseado de caramelo con una cuchara de madera hasta que se pueda untar. Úntalo por la parte superior de la tarta fría.

preparación + cocción 1¼ horas (+ enfriar) para 12 personas

CONSEJO Asegúrate
de llevar ropa de
manga larga mientras
introduces la mezcla
de churros en la
cesta de la freidora
de aire para evitar
quemarte.

CHURROS
CON CHOCOLATE CALIENTE

60 g de mantequilla
1 pizca de sal marina en escamas
125 ml de agua fría
75 g de azúcar extrafino
75 g de harina común
2 huevos ligeramente batidos
aceite de oliva en spray
1 cdta. de canela molida
125 g de chocolate negro picado
125 ml de nata espesa

1 Lleva a ebullición la mantequilla, la sal, el agua fría y 1 cucharada de azúcar glas en una cazuela. Añade la harina tamizada y bátelo con una cuchara de madera a fuego vivo hasta que la mezcla se despegue del fondo y de las paredes de la cazuela y forme una bola lisa. Pásala a un bol e incorpora el huevo, en dos tandas, con una cuchara de madera hasta que la mezcla esté brillante. Introdúcela en una manga pastelera provista de una boquilla de estrella de 2 cm y resérvala.
2 Precalienta una freidora de aire de 7 litros a 180 °C durante 3 minutos.
3 Rocía la cesta de la freidora con aceite. Con cuidado, forma cuatro trozos de masa de 10 cm de largo en la cesta (ver consejo), separados entre sí 5 cm, y cocínalos a 180 °C durante 12 minutos hasta que se doren y estén crujientes. Repite la operación con el resto de la masa para obtener un total de 8 churros.
4 Mientras, para preparar el azúcar de canela, mezcla la canela con el azúcar restante en un bol. Pasa los churros calientes por el azúcar con canela y dales la vuelta para cubrirlos bien.
5 Para preparar el chocolate caliente, pon el chocolate y la nata en un cazo a fuego medio-bajo. Remuévelos hasta que se mezclen bien.
6 Sirve los churros con el chocolate caliente.

**preparación + cocción
45 min para 8 unidades**

BOLLOS ESCOCESES
CON LEMON CURD

375 g de harina de repostería
⅓ de cdta. de levadura en polvo
1 pizca de sal fina
2 cdas. de azúcar moreno
   de caña integral
300 ml de suero de mantequilla
80 g de lemon curd
aceite de oliva en spray
para servir: mermelada de frutas
   (elige tu favorita) y nata montada

1 Tamiza la harina, la levadura, la sal y el azúcar en un bol. Haz un volcán en el centro y vierte el suero de mantequilla y el lemon curd mezclados. Con un cuchillo de hoja plana, remuévelo con cuidado hasta que la masa ligue.
2 Vuelca la masa sobre una superficie de trabajo ligeramente enharinada. Con las manos, amásala ligeramente. Estírala hasta que tenga un grosor de 3 cm.
3 Con un cortapastas enharinado, corta círculos de 5,5 cm de diámetro. Presiónalos hasta que tengan un grosor de 3 cm. Repite el corte para obtener un total de 9 bollitos. Unta la parte superior con el suero de mantequilla que haya quedado en el envase o con 1 cucharada de leche.

4 Precalienta una freidora de aire de 7 litros a 180 °C durante 3 minutos.
5 Rocía la cesta con aceite. Con cuidado, introduce los bollitos, unos al lado de los otros, en su interior. Ajusta la temperatura a 160 °C y cocínalos durante 17 minutos.
6 Sírvelos calientes con mermelada y nata.

SUGERENCIA Prueba a servirlos con lemon curd y nata montada.

**preparación + cocción
35 min para 9 unidades**

BROWNIES CHOCOLATE-CACAHUETE

---

125 g de mantequilla en dados
200 g de chocolate negro (45 %
    de cacao como mínimo) picado
110 g de azúcar extrafino
160 g de caramelo líquido
70 g de mantequilla de cacahuete
    crujiente
2 huevos ligeramente batidos
150 g de harina común
35 g de harina de repostería
1 cda. de cacao en polvo sin azúcar

1 Mezcla la mantequilla con el chocolate en una cazuela a fuego lento hasta obtener una mezcla fina. Retírala del fuego y añade el azúcar. Déjala que se enfríe 10 minutos.
2 Precalienta una freidora de aire de 7 litros a 160 °C durante 5 minutos. Unta con aceite una fuente de horno cuadrada de 20 cm; forra la base y los lados con papel vegetal.
3 Calienta el caramelo en el microondas 30 segundos o hasta que se ablande e incorpora la mantequilla de cacahuete.
4 Añade el huevo y, a continuación, las harinas tamizadas y el cacao. Extiende la mitad de la mezcla de brownie en la fuente y cúbrela con la mitad de la mezcla de mantequilla de cacahuete.

Extiende con cuidado el resto de la mezcla de brownie por encima y, a continuación, el resto de la mezcla de mantequilla de cacahuete. Con una brocheta, remueve la superficie con movimientos circulares. Cubre la fuente con papel de aluminio.
5 Con cuidado, introduce la fuente en la cesta de la freidora y cocínala a 160 °C durante 25 minutos.
6 Retira el papel de aluminio y cocínala otros 10 minutos o hasta que el brownie esté cuajado por encima. Sácalo de la cesta. Deja que se enfríe en la fuente.
7 Corta el brownie en 12 trozos.

**preparación + cocción
55 min para 12 unidades**

SALADITOS DE CARNE
CON CEBOLLA, ENELDO Y COMINO

---

500 g de carne picada de cerdo

100 g de pan rallado

1 huevo ligeramente batido

2 dientes de ajo chafados

un poco de eneldo picado fino

1 cda. de semillas de comino,
   y 1 cdta. más

150 g de cebolla caramelizada
   o confitada

2 cdtas. de vinagre de malta

3 láminas de hojaldre recién
   descongeladas

2 yemas de huevo

aceite en spray

para servir: salsa barbacoa
   o sriracha

1 Precalienta una freidora de aire de 5,3 litros a 180 °C durante 3 minutos.
2 Mezcla la carne picada de cerdo con el pan rallado, el huevo, el ajo, el eneldo, la cucharada de comino, la cebolla y el vinagre en un bol; sazónalo.
3 Corta las láminas de hojaldre por la mitad. Con una cuchara o una manga pastelera, forma una línea con la mezcla de carne en el centro de cada trozo de hojaldre y enróllalo sobre sí mismo. Corta cada rollo en cuatro trozos y colócalos, con el doble hacia abajo, en una bandeja forrada con papel vegetal. Mezcla las yemas con 1 cucharadita de agua en un bol. Unta los rollitos con el huevo y esparce la cucharadita de comino adicional por encima.

4 Rocía la cesta de la freidora con aceite. Con cuidado, introduce 8 rollitos en su interior; cocínalos a 180 °C durante 15 minutos hasta que se hinchen y estén bien hechos. Pásalos a una rejilla. Repite la operación dos veces más con el resto de los rollitos.
5 Sírvelos calientes con la salsa que prefieras.

¡GANA TIEMPO!
Se pueden preparar hasta el final del paso 3 el día de antes; refrigéralos hasta que los vayas a hornear.

CONSERVACIÓN
Los saladitos se pueden guardar en un recipiente hermético en el congelador 3 meses.

**preparación + cocción
1 hora para 24 unidades**

POP TARTS
DE FRESA

250 g de fresas picadas finas
2 cdas. de mermelada de fresa
1 cda. de maicena
4 láminas de masa quebrada
   recién descongelada
1 huevo ligeramente batido
80 g de azúcar glas
2 cdtas. de agua fría
colorante alimentario rosa,
   para teñir
para decorar: bolitas multicolores
   o perlas arcoíris

1 Mezcla las fresas con la mermelada y la maicena en un bol. Corta cada lámina de masa en seis rectángulos de 8 x 10 cm. Coloca una cucharada rasa de la mezcla de fresas en el centro de la mitad de los rectángulos. Unta los bordes con un poco de huevo. Cúbrelos con los rectángulos restantes y, con un tenedor, presiona los bordes para sellar las galletitas.

2 Precalienta una freidora de aire de 7 litros a 180 °C durante 3 minutos.

3 Con cuidado, introduce la mitad de las galletitas en la cesta y cocínalas a 180 °C durante 12 minutos, dándoles la vuelta a los 10 minutos, hasta que se doren y estén hechas. Pásalas a una rejilla para que se enfríen. Repite la operación con el resto de las galletitas.

4 Mezcla el azúcar glas con las 2 cucharaditas de agua fría y el colorante alimentario en un bol. Vierte el glaseado sobre las galletitas frías y esparce las bolitas multicolores. Deja que reposen hasta que el glaseado se endurezca.

**preparación + cocción
35 min (+ reposo)
para 12 unidades**

GALETTE DE FRANCHIPÁN Y FRUTOS ROJOS

150 g de harina común
2 cdas. de azúcar extrafino
60 g de mantequilla fría en dados
1 yema de huevo
2 cdas. de almendra molida
150 g de frutos rojos congelados
2 cdtas. de maicena
para servir: azúcar glas y helado

FRANCHIPÁN

60 g de mantequilla blanda
55 g de azúcar extrafino
1 cdta. de extracto de vainilla
1 yema de huevo
80 g de almendra molida
1½ cdas. de harina común

1 Para preparar la galette, bate la harina, el azúcar y la mantequilla en un robot de cocina hasta que la mezcla parezca un pan rallado fino. Añade la yema de huevo y bátela hasta que se integre. Vuélcala sobre una superficie de trabajo, dale forma de círculo y envuélvela con film transparente. Refrigérala 30 minutos.

2 Mientras, para preparar el franchipán, bate la mantequilla, el azúcar y la vainilla en un bol con una batidora de varillas hasta que esté pálido y cremoso. Añade la yema y bátelo bien. Incorpora la almendra molida y la harina.

3 Precalienta una freidora de aire de 7 litros a 180 °C durante 5 minutos.

4 Estira la masa entre dos hojas de papel vegetal hasta que tenga un grosor de 3 mm. Con un plato o molde redondo, corta un círculo de 25 cm y desecha los recortes. Esparce la almendra molida por encima y extiende el franchipán, dejando un espacio libre de 3 cm. Pasa los frutos rojos por la maicena, retirando el exceso, y espárcelos por encima. Dobla el borde de la masa por encima del relleno.

5 Ayudándote del papel vegetal, introduce la galette en la cesta y cúbrela con papel de aluminio, tensándolo; cocínala a 180 °C durante 30 minutos.

6 Retira el papel de aluminio. Ajusta la temperatura a 160 °C y cocínala de 15 a 18 minutos, hasta que la galette se dore y el franchipán esté hecho. Con cuidado, ayudándote del papel vegetal, levanta la galette y sácala de la cesta.

7 Espolvoréala con azúcar glas y sírvela con helado.

preparación + cocción
1 hora 10 min (+ enfriar)
para 6 personas

ROLLITOS DE MANZANA

400 g de manzanas en almíbar
   picadas
40 g de pasas sultanas
1½ cdas. de azúcar extrafino
½ cdta. de canela molida
1½ cdas. de almendra molida
8 láminas para rollitos de primavera
   de 21,5 cm descongeladas
   (ver consejo)
aceite de oliva en spray
para servir: azúcar glas, para
   espolvorear, y helado de vainilla

1 Mezcla la manzana con las pasas sultanas, el azúcar, la canela y la almendra molida en un bol.
2 Coloca una lámina para rollitos de primavera sobre una superficie de trabajo limpia. Añade 2 cucharadas soperas rasas del relleno en una línea a unos 3 cm del borde inferior, dejando un espacio libre de 4 cm a cada lado. Dobla el borde inferior por encima del relleno. A continuación, dobla los lados y enrolla el rollito sobre sí mismo. Unta el doble con un poco de agua para sellarlo. Repite la operación con el resto de las láminas y el relleno para obtener 8 rollitos.

3 Precalienta una freidora de aire de 7 litros a 200 °C durante 3 minutos.
4 Rocía los rollitos por todas partes con abundante aceite. Con cuidado, introdúcelos en la cesta de la freidora; cocínalos a 200 °C durante 15 minutos hasta que se doren.
5 Espolvoréalos con azúcar glas y sírvelos con helado.

**preparación + cocción
35 min para 8 unidades**

CONSEJO Encontrarás láminas para rollitos de primavera en la sección de congelados de las tiendas de alimentación asiáticas.

CONSERVACIÓN
En un recipiente
hermético hasta
2 semanas.

GALLETAS DE MANTEQUILLA Y VAINILLA

125 g de mantequilla blanda
110 g de azúcar extrafino,
    y 2 cdas. más
1 cdta. de extracto de vainllla
1 yema de huevo
185 g de harina común
para servir: azúcar glas,
    para espolvorear

1 Bate la mantequilla, los 110 g de azúcar glas y la vainilla en un bol con una batidora de varillas hasta obtener una mezcla ligera y esponjosa. Añade la yema y bátelo bien. Tamiza la harina, en dos tandas, sobre la mezcla y remuévela bien.

2 Trabaja la masa sobre una superficie ligeramente enharinada hasta que esté fina. Con las manos, dale forma de un rollito de 25 cm de largo. Espolvorea las 2 cucharadas restantes de azúcar extrafino en un plato y pásalo por el azúcar. Envuélvelo con papel vegetal. Congélalo 1 hora o hasta que esté firme.

3 Saca el rollito del congelador. Déjalo reposar 10 minutos. Córtalo en 15 rodajas de 1,5 cm de grosor cada una.

4 Precalienta una freidora de aire de 7 litros a 160 °C durante 5 minutos.

5 Con cuidado, forra la cesta de la freidora con papel vegetal. Introduce la mitad de las galletas, separadas 2 cm entre sí, en su interior (guarda el resto en el frigorífico hasta que las necesites); cocínalas a 160 °C durante 12 minutos hasta que se doren. Retira la cesta de la freidora. Deja las galletas en la cesta 10 minutos antes de pasarlas a una rejilla para que se enfríen por completo. Repite la operación con el resto de las galletas.

6 Espolvoréalas con azúcar glas.

**preparación + cocción
40 min (+ congelar, reposar y enfriar)
para 15 unidades**

TRES CHOCOLATES

Añade 80 g de chocolate con leche, 80 g de chocolate negro y 80 g de chocolate blanco a 1 ración de Galletas de mantequilla y vainilla (p. 193) antes de añadir la harina en el paso 1. Toma cucharadas rasas de la mezcla y dales forma de bola. Aplástalas hasta tener un grosor de 1 cm. Congélalas 20 minutos. Hornéalas siguiendo los pasos 4 y 5 de la receta.

CONSEJO Puedes usar 180 g de chocolate de un solo tipo.

NARANJA Y PECANAS

Añade 1 cucharadita de ralladura de naranja fina y 60 g de nueces pecanas tostadas picadas a 1 ración de Galletas de mantequilla y vainilla (p. 193) justo antes de añadir la harina en el paso 1. Continúa con la receta desde el paso 2.

GALLETAS

GLASEADAS CON ESPECIAS

Añade 1 cucharadita de mezcla de 5 especias a 1 ración de Galletas de mantequilla y vainilla (p. 193) al añadir la harina en el paso 1. Continúa con la receta desde el paso 2. Para preparar el glaseado de arce, mezcla 90 g de azúcar glas tamizado con 1½ cucharadas de sirope de arce y 3 cucharaditas de agua; bátelo hasta que esté fino. Extiéndelo sobre las galletas frías.

4 TIPOS

LIMÓN Y ARÁNDANOS

Añade 1 cucharadita de ralladura de limón fina y 65 g de arándanos deshidratados a 1 ración de Galletas de mantequilla y vainilla (p. 193) justo antes de añadir la harina en el paso 1. Continúa con la receta desde el paso 2.

TRES CHOCOLATES

NARANJA Y PECANAS

LIMÓN Y ARÁNDANOS

GLASEADAS CON ESPECIAS

FONDANTS DE CHOCOLATE

25 g de mantequilla blanda,
   y 125 g más en dados
2 cdas. de cacao en polvo sin azúcar
155 g de chocolate negro
   picado grueso
2 huevos
2 yemas de huevo
75 g de azúcar extrafino
35 g de harina común
para servir: un poco más de cacao
   en polvo, para espolvorear,
   y helado de café

1 Unta seis boles refractarios de 180 ml (ramequines o flaneras de aluminio tipo dariole) con la mantequilla blanda y espolvoréalos con el cacao, retirando el exceso.
2 Calienta el chocolate y los 125 g de mantequilla en dados en un cazo a fuego lento hasta obtener una mezcla fina. Deja que se enfríe 10 minutos. Pásala a un bol.
3 Bate los huevos, las yemas y el azúcar en un bol con una batidora de varillas hasta obtener una mezcla espesa y cremosa. Incorpórala con la harina tamizada a la mezcla de chocolate templada. Viértela en los boles.
4 Precalienta una freidora de aire de 7 litros a 180 °C durante 3 minutos.

5 Con cuidado, introduce los boles en la cesta de la freidora y cocínalos a 180 °C de 10 a 12 minutos. Sácalos de la cesta. Deja los fondants en los boles durante 1 minuto antes de desmoldarlos con cuidado.
6 Espolvoréalos con cacao y sírvelos enseguida con helado.

CONSEJO Tómalos nada más sacarlos de la freidora de aire. Si los dejas reposar más de 1 minuto, el centro se endurecerá y no estará líquido. Atención: el chocolate fundido del centro estará muy caliente, ten cuidado.

preparación + cocción
30 min (+ enfriar)
para 6 personas

CANNOLI DE CHOCOLATE
CON CREMA DE AVELLANAS

150 g de harina común
1 cda. de cacao en polvo
1 cda. de azúcar extrafino
1 huevo
1 yema de huevo
1 cda. de Marsala
2 cdtas. de aceite de oliva
2 cdtas. de agua fría
1 clara de huevo ligeramente batida
aceite de oliva en spray
para servir: azúcar glas
   y frambuesas

CREMA DE AVELLANAS
250 ml de nata espesa
2 cdas. de azúcar glas
125 g de mascarpone
85 g de crema de avellanas y cacao

1 Tritura la harina, el cacao y el azúcar. Añade el huevo, la yema, el Marsala, el aceite y las 2 cucharadas de agua; tritúralo hasta que la masa empiece a ligar. Vuélcala sobre una superficie ligeramente enharinada y amásala hasta que esté fina. Divídela por la mitad, dale forma de círculo y envuélvela con film transparente. Refrigérala 1 hora.

2 Estira uno de los círculos sobre una superficie ligeramente enharinada hasta que tenga un grosor de 2 mm (o pásalo por una laminadora para pasta). Con un cortapastas redondo de 10 cm, corta seis círculos (vuelve a juntar los restos si es necesario). Enróllalos con la ayuda de un molde de acero para cannoli (ver consejo), solapando los extremos. Úntalos con clara de huevo para fijarlos (sin manchar los moldes, o se pegarán). Repite la operación con el círculo restante para obtener 12 cannoli.

3 Precalienta una freidora de aire de 7 litros a 200 °C durante 3 minutos.

4 Rocía los cannoli con aceite. Forra la cesta con papel vegetal. Introdúcelos dentro y cocínalos a 200 °C durante 7 minutos, dándoles la vuelta a mitad de la cocción. Con unas pinzas, pásalos a un plato para que se enfríen un poco. Retira los moldes y deja que se enfríen.

5 Mientras, para preparar la crema de avellanas, bate la nata y el azúcar glas en un bol con una batidora de varillas hasta que se formen picos suaves. Añade el mascarpone y la crema de avellanas y cacao, y bátela 20 segundos o hasta que se incorporen. Introdúcela en una manga pastelera con una boquilla lisa de 1 cm. Introduce la crema dentro de los cannoli fríos.

6 Espolvoréalos con azúcar glas y sírvelos con frambuesas.

CONSEJO En lugar de moldes de acero para cannoli, puedes utilizar moldes para cañas de hojaldre. Engrásalos primero y enrolla la masa sin apretarla demasiado para que te sea más fácil retirarlos.

**preparación + cocción
45 min (+ enfriar)
para 12 unidades**

CONSERVACIÓN
En un recipiente
hermético en el
frigorífico 3 días.

TARTA DE LIMÓN

---

125 g de mantequilla picada gruesa
40 g de azúcar glas
185 g de harina común
3 huevos
220 g de azúcar extrafino,
    y 2 cdas. más
2 cdtas. de ralladura fina de limón
125 ml de zumo de limón
aceite en spray
1 limón mediano (140 g)
    en rodajas finas
para servir: un poco más de azúcar
    glas, para espolvorear

1 Precalienta una freidora de aire de 5,3 litros a 180 °C durante 3 minutos. Unta con aceite un molde redondo desmontable de 20 cm.
2 Bate la mantequilla y el azúcar glas en un bol con una batidora de varillas hasta obtener una mezcla fina. Incorpora 150 g de harina hasta que ligue. Coloca la masa en el molde, presionando la base y los lados. Dobla un trozo de papel de aluminio en forma de tira y colócalo debajo del molde para introducirlo con cuidado en la cesta.
3 Cocínalo a 180 °C durante 10 minutos.
4 Con el dorso de una cuchara, vuelve a presionar la base y los lados del molde y cocínalo 8 minutos, hasta que la base se seque y se dore ligeramente.
5 Para preparar el relleno de limón, pon los huevos, los 220 g de azúcar glas, la harina restante, la ralladura de limón y el zumo en un cazo. Bátelo a fuego medio hasta que hierva y espese.
6 Vierte el relleno caliente en una jarra y repártelo sobre la base de la tarta caliente dentro de la cesta. Ajusta la temperatura a 160 °C y cocínalo de 3 a 5 minutos hasta que cuaje. Con la ayuda de la tira de papel de aluminio, saca el molde de la cesta y colócalo sobre una rejilla. Deja que la tarta se enfríe en el molde.
7 Rocía la cesta con aceite. Espolvorea las rodajas de limón con las 2 cucharadas de azúcar extrafino adicionales e introdúcelas en su interior; cocínalas a 160 °C durante 6 minutos hasta que se caramelicen.
8 Para servir, reparte las rodajas caramelizadas por la tarta y espolvoréala con azúcar glas.

preparación + cocción
45 min para 8 personas

MUFFINS DE TARTA DE ZANAHORIA

240 g de almendra molida
2 cdas. de semillas de chía
1 cdta. de levadura en polvo
   (ver consejo)
½ cdta. de bicarbonato sódico
1 cdta. de canela molida
1 cda. de jengibre molido
3 huevos
60 ml de aceite de oliva virgen extra
110 g de azúcar de coco
2 cdtas. de extracto de vainilla
1 calabacín grande (150 g)
1 zanahoria grande (180 g)
1 manzana grande (200 g)
120 g de ricotta cremosa
40 g de almendras crudas picadas

1 Precalienta una freidora de aire de 5,3 litros a 160 °C durante 3 minutos. Junta de tres en tres, unas dentro de otras, 18 cápsulas de papel para muffins para obtener seis en total.
2 En un bol, mezcla la almendra molida con las semillas de chía, la levadura, el bicarbonato sódico y las especias. Bate los huevos, el aceite, el azúcar de coco y la vainilla en otro bol y añádelos a los ingredientes secos, removiéndolos.
3 Ralla el calabacín, la zanahoria y la manzana en un tercer bol. Con las manos, toma puñados de la mezcla de calabacín y apriétalos muy fuerte para eliminar el exceso de líquido. Incorpora la mezcla de calabacín a la de almendras. Repártela de manera uniforme entre las cápsulas de papel.

4 Con cuidado, introdúcelas en la cesta de la freidora y cocínalas a 160 °C durante 5 minutos.
5 Cubre la parte superior de los muffins con un trozo de papel de aluminio y cocínalos 25 minutos.
6 Cubre cada muffin con una cucharada de ricotta y esparce las almendras picadas. Cocínalos a 160 °C durante 5 minutos hasta que la ricotta se dore y al insertar una brocheta en el centro de los muffins, salga limpia. Pásalos a una rejilla para que se enfríen.

CONSERVACIÓN
Se conservarán bien en un recipiente hermético en el frigorífico 1 semana o 2 meses en el congelador.

CONSEJO Para una versión sin gluten, utiliza levadura en polvo sin gluten.

preparación + cocción
45 min para 6 personas

PUDIN DE PAN
CON LEMON CURD Y FRAMBUESAS

---

250 g de pan de masa madre
    crujiente en rebanadas gruesas
160 g de lemon curd
250 ml de nata espesa
180 ml de leche
3 huevos
55 g de azúcar extrafino
1 cdta. de extracto de vainilla
125 g de frambuesas congeladas
para servir: un poco más
    de lemon curd

1 Unta con aceite una fuente de horno de 1,5 litros y 20 cm de diámetro, asegurándote de que quepa en una freidora de aire de 7 litros.
2 Unta las rebanadas de pan con abundante lemon curd. Colócalas, con el lemon curd hacia arriba, en la fuente.
3 Para preparar la crema pastelera, mezcla la nata con la leche en una jarra apta para microondas y caliéntala a la máxima potencia 2 minutos o hasta que se temple. Bate los huevos, el azúcar y la vainilla en un bol e incorpora poco a poco la mezcla de nata.
4 Vierte la crema pastelera sobre las rebanadas de pan y esparce las frambuesas por encima. Con una espátula, presiona suavemente el pan para hundirlo en la crema. Déjalo reposar 5 minutos. Cubre la fuente con papel de aluminio, tensándolo.
5 Precalienta la freidora de aire a 150 °C durante 5 minutos.
6 Con cuidado, introduce la fuente en la cesta y cocina el pudin a 150° C durante 30 minutos.
7 Retira el papel de aluminio. Ajusta la temperatura a 160 °C y cocínalo otros 12 minutos, hasta que se dore y cuaje. Sácalo de la cesta. Déjalo reposar 5 minutos para que se enfríe ligeramente.
8 Sirve el pudin con un poco más de lemon curd.

**preparación + cocción
1 hora para 12 personas**

CONSEJO El pesto casero se puede sustituir por 65 g de pesto verde (de albahaca) o rojo (de tomates secos) de bote.

ROLLITOS DE PESTO CON QUESO

50 g de hojas de albahaca
1 diente de ajo picado
2 cdas. de piñones tostados
2 cdas. de parmesano rallado fino
60 ml de aceite de oliva virgen extra
1 cda. de zumo de limón
300 g de harina de repostería
1 cdta. de sal fina
1 cda. de azúcar extrafino
50 g de mantequilla fría
   picada gruesa
180 ml de leche

RELLENO DE QUESO
60 g de mozzarella rallada
35 g de cheddar rallado
25 g de parmesano rallado

1 Para preparar el pesto, tritura la albahaca, el ajo, los piñones y el parmesano en un robot de cocina. Con el motor en marcha, mezcla el aceite y el zumo de limón y viértelos poco a poco hasta que el pesto esté casi fino. Sazónalo con sal y pimienta negra recién molida.
2 Tamiza la harina y la sal en un bol e incorpora el azúcar. Con los dedos, frota la mantequilla. Añade suficiente leche para obtener una masa blanda y pegajosa. Vuélcala sobre un trozo de papel vegetal ligeramente enharinado y amásala hasta que esté fina. Añade más harina sobre el papel vegetal si es necesario. Estira la masa hasta formar un rectángulo de 30 x 40 cm.
3 Úntalo de manera uniforme con el pesto. Esparce el queso de manera uniforme también encima. Enróllalo bien por el lado más largo para formar un rollito y congélalo 10 minutos para que se endurezca un poco.
4 Precalienta una freidora de aire de 7 litros a 160 °C durante 5 minutos.
5 Con un cuchillo de sierra, corta los extremos del rollito, deséchalos, y córtalo en 12 rodajas.
6 Con cuidado, forra la cesta de la freidora con papel vegetal. Introduce las rodajas, con la parte del corte hacia arriba, en su interior y cúbrelas con papel de aluminio, tensándolo; cocínalas a 160 °C durante 10 minutos.
7 Retira el papel de aluminio y cocínalas otros 10 minutos hasta que se doren y estén hechas.
8 Sírvelas calientes o frías.

**preparación + cocción
50 min (+ congelar)
para 12 unidades**

BIZCOCHO ESPONJOSO
CON FRUTA DE LA PASIÓN

125 g de mantequilla
220 g de azúcar extrafino
2 cdtas. de extracto de vainilla
2 huevos
300 g de harina de repostería
160 ml de suero de mantequilla
180 ml de pulpa de fruta
   de la pasión (ver consejo)
240 g de azúcar glas

1 Precalienta una freidora de aire de 7 litros a 160 °C durante 5 minutos. Unta con aceite un molde redondo desmontable de 20 cm; forra la base y los lados con papel vegetal. Asegúrate de que quepa en la freidora.

2 Bate la mantequilla, el azúcar glas y la vainilla en un bol con una batidora de varillas hasta obtener una mezcla espesa y cremosa. Incorpora los huevos, de uno en uno, hasta que se mezclen. Añade la harina, el suero de mantequilla y 60 ml de la pulpa de fruta de la pasión y bátelo. Vierte la mezcla en el molde y cúbrelo bien con papel de aluminio.

3 Con cuidado, introduce el molde en la cesta de la freidora y cocínalo a 160 °C durante 30 minutos.

4 Retira el papel de aluminio y cocínalo otros 30 minutos o hasta que al introducir una brocheta en el centro salga limpia. Sácalo de la cesta. Déjalo en el molde 10 minutos y dale la vuelta sobre una rejilla para que se enfríe.

5 Para preparar el glaseado de fruta de la pasión, mezcla el azúcar glas con la pulpa de fruta de la pasión restante en un bol. Extiéndelo por la parte superior del bizcocho frío.

CONSEJO Para esta receta necesitarás unas 9 frutas de la pasión.

preparación + cocción 1¼ horas (+ enfriar) para 12 personas

BUÑUELOS DE PLÁTANO
CON CARAMELO SALADO

---

15 g de mantequilla en dados
110 g de panko (pan rallado)
40 g de coco rallado
75 g de harina común
2 huevos
60 ml de leche
4 plátanos maduros cortados
   por la mitad a lo largo
para servir: helado de vainilla

CARAMELO SALADO
125 ml de nata espesa
110 g de azúcar moreno
30 g de mantequilla en dados
1 cdta. de sal marina en escamas

1 Derrite la mantequilla en una sartén a fuego medio-alto. Añade el pan rallado y el coco y sofríelo, removiéndolo, 2 minutos o hasta que el pan rallado se dore ligeramente. Pásalo a un plato para que se enfríe.

2 Pon la harina en otro plato. Bate los huevos y la leche en un bol. Pasa los plátanos primero por la harina, retirando el exceso, después por el huevo y para terminar por la mezcla de pan rallado. Refrigéralos 15 minutos.

3 Precalienta una freidora de aire de 7 litros a 180 °C durante 3 minutos.

4 Con cuidado, introduce los buñuelos en la cesta de la freidora; cocínalos a 180 °C durante 8 minutos, dándoles la vuelta a mitad de la cocción, o hasta que se doren.

5 Mientras, para preparar el caramelo salado, calienta los ingredientes, excepto la sal, en un cazo a fuego lento, sin que lleguen a hervir, hasta que el azúcar se disuelva. Llévalo a ebullición, baja el fuego y cuécelo 3 minutos o hasta que espese ligeramente. Retíralo del fuego y añade la sal.

6 Sirve los buñuelos con el helado y el caramelo salado por encima.

**preparación + cocción
25 min (+ enfriar)
para 4 personas**

BANANA BREAD

125 g de mantequilla blanda
220 g de azúcar moreno
1 cdta. de extracto de vainilla
2 huevos
350 g de plátanos maduros chafados
   (ver consejo)
60 ml de sirope de arce
250 g de harina común
1 cdta. de levadura en polvo
1 cdta. de bicarbonato sódico
1½ cdtas. de canela molida
¼ de cdta. de sal marina
   en escamas
25 g de nueces tostadas
   picadas gruesas
2 plátanos pequeños (de 130 g
   cada uno) cortados por la mitad
   a lo largo
2 cdas. de azúcar moreno
   de caña integral
para servir: ricotta y miel

1 Unta con aceite un molde para pan de 10,5 x 20 cm; forra la base y los lados con papel vegetal, asegurándote de que quede a ras del borde.
2 Bate la mantequilla, el azúcar moreno y la vainilla en un bol con una batidora de varillas hasta que la mezcla blanquee y esté esponjosa. Incorpora los huevos, de uno en uno, bátelos y añade el plátano y el sirope de arce. Bátelo de nuevo. Tamiza la harina, la levadura en polvo, el bicarbonato sódico, la canela y la sal. Agrega las nueces y remuévelo bien con una cuchara. Pasa la mezcla al molde y alisa la superficie.
3 Precalienta una freidora de aire de 5,3 litros a 160 °C durante 3 minutos.
4 Con cuidado, introduce el molde en la cesta de la freidora y cocínalo a 160 °C durante 10 minutos.

5 Coloca las mitades de plátano, con el corte hacia arriba, encima del pan. Cubre el molde con papel de aluminio y pínchalo con un cuchillo; cocínalo a 160 °C durante 40 minutos.
6 Retira el papel de aluminio y cocínalo otros 5 minutos o hasta que al introducir una brocheta en el centro salga limpia. Sácalo de la cesta. Déjalo en el molde 10 minutos y dale la vuelta sobre una rejilla para que se enfríe. Esparce el azúcar moreno de caña integral cuando aún esté caliente.
7 Sirve las rebanadas de pan con un poco de ricotta encima y miel.

CONSEJO Necesitarás 3 plátanos grandes para obtener 350 g de plátanos chafados.

preparación + cocción
1¼ horas para 8 personas

PANCAKE CON FRUTOS ROJOS

aceite de oliva en spray
150 g de harina común
55 g de azúcar extrafino
¼ cdta. de bicarbonato sódico
160 ml de suero de mantequilla
1 huevo ligeramente batido
2 cdtas. de extracto de vainilla
30 g de mantequilla derretida
50 g de arándanos
50 g de frambuesas
para servir: azúcar glas y sirope
   de arce

1 Precalienta una freidora de aire de 7 litros a 180 °C durante 3 minutos. Rocía con aceite un molde para pizza redondo de 18 cm y 2,5 cm de profundidad (ver consejo).
2 Mezcla la harina con el azúcar y el bicarbonato en un bol. Bate el suero de mantequilla, el huevo, la vainilla y la mantequilla en una jarra o en otro bol. Añade la mezcla de suero de mantequilla y remuévelo hasta que se integre. Extiende la mezcla por el molde y alisa la superficie. Esparce los frutos rojos y presiónalos con suavidad.

3 Con cuidado, introduce el molde para pizza en la cesta de la freidora; cocínalo a 180 °C durante 15 minutos hasta que al insertar una brocheta en el centro salga limpia.
4 Espolvorea la tortita caliente con azúcar glas y sírvela con sirope de arce.

CONSEJO Muchas freidoras de aire vienen con un paquete de accesorios que incluye, entre otras cosas, un molde para pizza.

**preparación + cocción
30 min para 4 personas**

TARTAS DIVERTIDAS

220 g de masa quebrada
   redonda congelada
75 g de mantequilla blanda
150 g de azúcar moreno
1 huevo
1 cdta. de extracto de vainilla
150 g de harina de repostería
1 pizca de sal
45 g de pepitas de chocolate negro
110 g de dulces variados
   (ver consejo)
para servir: azúcar glas

1 Precalienta una freidora de aire de 5,3 litros a 170 °C durante 3 minutos.
2 Cubre la masa congelada con papel de aluminio y ponle encima dos cucharas de metal. Con cuidado, introduce la masa en la cesta; cocínala a 170 °C durante 10 minutos hasta que se dore y se seque. Pásala a una tabla de cortar para que se enfríe.
3 Mientras, para preparar el relleno de chocolate, bate la mantequilla, el azúcar, el huevo y la vainilla en un bol con una batidora de varillas 6 minutos o hasta obtener una mezcla ligera y cremosa. Incorpora primero la harina tamizada y la sal y después el chocolate.
4 Coloca el relleno encima de la masa y alisa la superficie. Esparce los chocolates y los dulces y presiónalos con suavidad. Coloca la tartaleta en la cesta y cúbrela con papel de aluminio.
5 Ajusta la temperatura a 160 °C y cocínala 30 minutos hasta que al introducir una brocheta en el centro salga con migas y la superficie se haya dorado e hinchado.
6 Sirve la tarta caliente o fría, con azúcar glas.

CONSEJO Para la primera tarta (arriba, izda.) usamos Smarties, Rolos (caramelos de chocolate rellenos de crema de caramelo) y bolitas multicolores (o nonpareil o jazzies de chocolate). Para la segunda (arriba, dcha.), un surtido de regaliz inglés (Allsorts), Rolos, confeti de colores (unicorn confetti) y sticks de chocolate blanco y frambuesa (o Pocky). Para la tercera (abajo), Smarties, Rolos, pretzels de chocolate, un surtido de productos de confitería y minigalletas de letras. ¡Recurre a tu imaginación y tu creatividad!

SUGERENCIA
Acompáñalas con helado de vainilla.

preparación + cocción
1 hora para 1 tarta
(6 personas)

BARRITAS DE MUESLI

180 g de copos de avena
50 g de pipas de girasol
50 g de pipas de calabaza
125 g de albaricoques secos
2 cdas. de semillas de chía blanca
2 cdas. de agua hirviendo
25 g de coco rallado
100 g de mantequilla en dados
75 g de azúcar moreno
2 cdas. de miel
½ cdta. de canela molida

1 Tritura 90 g de avena hasta que tenga la consistencia del coco rallado. Añade las pipas de girasol y de calabaza y tritúralas rápido hasta que estén picadas gruesas. Pásalo a un bol. Tritura finos los albaricoques y las semillas de chía con el agua hirviendo y añádelos al bol.
2 Calienta la mantequilla, el azúcar, la miel y la canela en una cazuela a fuego lento hasta que el azúcar se disuelva y la mezcla esté fina. Incorpórala al bol y añade el resto de la avena. Remuévelo.
3 Saca la cesta de una freidora de aire de 5,3 litros y colócala sobre una hoja de papel vegetal. Recórtala siguiendo la forma de la cesta pero 2 cm más grande. Unta con aceite la cesta y fórrala con el recorte de papel vegetal.

4 Coloca la mezcla de avena encima y presiónala con firmeza (utiliza la base de un vaso o una espátula acodada para compactarla). Vuelve a introducir la cesta en la freidora y cocínala a 140 °C durante 40 minutos.
5 Retira la cesta de la freidora y colócala sobre una rejilla para que se enfríe por completo. Con la ayuda del papel vegetal, saca la lámina de cereales de la cesta y pásala a una tabla; córtala en 12 tiras.

CONSERVACIÓN
En un recipiente hermético 2 semanas.

**preparación + cocción
1 hora para 12 unidades**

GLOSARIO

albaricoque chabacano

aliño aderezo

alubias frijoles

banana bread pan de plátano

beicon tocino

bimi brócoli de tallo tierno

bocadillo sándwich, torta

bol tazón, recipiente

boniato camote, batata

burger hamburguesa

cacahuete cacahuate, maní

calabacín calabacita, zapallo

cebolleta cebolla blanca,
cebollita china, cebolla
cambray

cebollino cebollín, xonacate

chafar aplastar, apachurrar

citronela hierba limón,
zacate limón

copos de avena hojuelas
de avena

cuñas rebanadas

escalope milanesa

frigorífico nevera,
refrigerador

gambas camarones

guindilla chile, ají

guisante chícharo, arveja

harina de fuerza harina
para pan

kétchup catsup

lemon curd crema de limón
inglesa

lima limón verde

limón limón amarillo, Eureka

lollo rosso lechuga morada

loncha rebanada

mazorca de maíz elote

nata crema

nata montada crema batida

paletilla de cerdo chuleta
de cerdo

panceta tocino, tocineta

patatas papas

pepitas de chocolate chispas
de chocolate

pinchar perforar

pipas pepitas, semillas

plato llano plato extendido

remolacha betabel

repollo col

salsa barbacoa salsa BBQ,
salsa barbecue (en México,
la barbacoa se refiere a
carne de carnero o de chivo
cocida dentro de un hoyo
en la tierra)

sésamo ajonjolí

setas hongos

setas de ostra setas

sirope jarabe

soja soya

tapilla de ternera picaña,
segundo solomillo

ternera res (en México,
ternera se refiere a la cría
hembra de la vaca,
particularmente la que tiene
menos de cuatro meses
de nacida)

tomate jitomate

tostada pan tostado (a menos
que sea de maíz)

varilla globo

yogur yogurt

zumo jugo

ÍNDICE

AGRADECIMIENTOS

DK desea dar las gracias a John Friend por la corrección, a Hilary Bird por el índice y a Sophia Young, Joe Revill, Amanda Chebatte y Georgia Moore por su ayuda en la elaboración de este libro.

The Australian Women's Weekly Test Kitchen de Sídney ha elaborado, probado y fotografiado las recetas de este libro.

DK Londres

Edición sénior: Siobhán O'Connor
Coordinación de diseño DTP: Heather Blagden
Diseño de cubiertas: Maxine Pedliham
Coordinación de cubiertas: Jasmin Lennie
Edición de producción sénior: Tony Phipps
Dirección de producción sénior: Stephanie McConnell
Dirección editorial: Cara Armstrong
Dirección de arte: Maxine Pedliham
Dirección de publicaciones: Katie Cowan

DK Delhi

Edición ejecutiva de arte: Neha Ahuja
Coordinación de DTP: Pushpak Tyagi
Diseñadores DTP: Raman Panwar, Satish Gaur
Dirección de preproducción: Balwant Singh

DE LA EDICIÓN EN ESPAÑOL

Servicios editoriales: Cillero & de Motta
Traducción: Elena Aranaz, Pilar Gamundí y Claudia Itzkowich
Coordinación de proyecto: Helena Peña

Publicado originalmente en Gran Bretaña en 2023 por Dorling Kindersley Limited
20 Vauxhall Bridge Road, Londres, SW1V 2SA

El representante autorizado en el EEE es Dorling Kindersley Verlag GmbH.
Arnulfstr. 124, 80636 Múnich, Alemania

© 2023 Dorling Kindersley Limited
© Traducción en español: 2025 Dorling Kindersley Limited
Parte de Penguin Random House
Primera edición: 2025
Primera reimpresión: 2026
022-338489-Sep/2025

ISBN: 978-024-177-864-7

Impreso y encuadernado en Eslovaquia

www.dkespañol.com

Este libro se ha impreso con papel certificado
por el Forest Stewardship Council™ como parte
del compromiso de DK por un futuro sostenible.
**Para más información, visita www.dk.com/uk/
information/sustainability/**